LEGO NINJAGO

ENCICLOPEDIA DE PERSONAJES
ACTUALIZADA Y AMPLIADA

SIMON HUGO Y CLAIRE SIPI

CONTENIDO

CAPÍTULO UNO

NINJA VS. ESQUELETOS

LA PRIMERA AVENTURA NINJA gira en torno a Lord Garmadon. El sabio Maestro Wu instruye a un grupo de jóvenes para que lo ayuden a derrotar a su malvado hermano, pero ¿bastarán sus proezas para frenar a Garmadon y a sus secuaces, los Esqueletos?

¡QUÉ EMOCIONANTE! ¡ESPERO SER UN HUESO DURO DE ROER!

MAESTRO WU

MAESTRO DEL SPINJITZU

El bigote y la barba de Wu son extraíbles

La inscripción mágica protege de los poderes oscuros

UN FASTIDIO FRATERNAL

El Maestro Wu y su hermano, Lord Garmadon, fueron pupilos de su padre, primer Maestro del Spinjitzu, quien esperaba que emplearan su talento para proteger al pueblo de la isla de Ninjago. Lord Garmadon usa su poder con egoísmo, pero Wu honra el legado de su padre.

EL MAESTRO WU ES HIJO del primer Maestro del Spinjitzu, quien creó la isla de Ninjago. Wu ha dedicado su vida a dominar la antigua arte marcial del Spinjitzu, y usa su habilidad y experiencia para guiar a un grupo de jóvenes ninja. ¡Además, protege a Ninjago de su molesto hermano!

COLE
MAESTRO DE LA TIERRA

FICHA NINJA

PASIÓN: Deporte extremo
AVERSIÓN: Bailar
AMIGOS: Camaradas ninja
ENEMIGOS: Kruncha, Chopov
APTITUD: Fuerza
EQUIPO: Hoz de Temblores

SET: Monasterio del Spinjitzu
N.º DE SET: 70670
AÑO: 2019

La cota de malla asoma bajo la túnica (llamada «gi»)

¿LO SABÍAS?
Los auténticos ninja (guerreros medievales japoneses) se instruían desde niños en la supervivencia, el combate y el sigilo.

EL PRIMERO DEL EQUIPO
Cole fue el primer alumno de Wu, en cuyas duras sesiones disfruta concentrando energía y poderes. El tiro al blanco mejora su atención y precisión. Gracias a la plataforma con espada giratoria, Cole puede entrenar solo o con otros ninja.

La insignia del dragón dorado rodea la túnica

COLE ES MUY FUERTE y leal. Gracias a su talento natural como líder y estratega, es una pieza clave de la formación ninja. Pone siempre al equipo por delante y es un auténtico amigo para los demás ninja. Con el barro y la tierra crea tormentas que a su paso lo reducen todo a polvo.

KAI
MAESTRO DEL FUEGO

El clásico turbante hecho con dos pañuelos solo deja los ojos a la vista

Espada de Fuego, una de las cuatro Armas Doradas

FICHA NINJA

PASIÓN: Entregarse al peligro
AVERSIÓN: Perder batallas
AMIGOS: Maestro Wu, Nya
ENEMIGOS: Samukai, Frakjaw
APTITUD: Fabricar armas
EQUIPO: Espada de Fuego

SET: Monasterio del Spinjitzu
N.º DE SET: 70670
AÑO: 2019

¿LO SABÍAS?

El padre de Kai tenía un mapa donde aparecía la ubicación de las cuatro Armas Doradas que sirvieron para crear el Reino de Ninjago.

HISTORIA FAMILIAR

Al morir sus padres, Kai y su hermana, Nya, tomaron posesión de La Herrería (set 2508). Wu vio que Kai tenía potencial para ser un ninja y lo instruyó para que usara su «fuego» natural a fin de dominar el Spinjitzu.

Los cinturones y fajines son parte esencial del atuendo ninja

EL ELEMENTO DE ESTE NINJA es el fuego, ¡y su carácter es igual de ardiente! Kai acepta que el Maestro Wu lo convierta en ninja, pero debe esforzarse en domar su ira e impaciencia. La fe que Wu deposita en él está justificada; Kai es un ninja valiente, diestro y leal que canaliza su fiera energía mediante el Spinjitzu.

JAY
MAESTRO DEL RAYO

FICHA NINJA

PASIÓN: Bromas ingeniosas
AVERSIÓN: Tecnología defectuosa
AMIGA: Nya
ENEMIGOS: Nuckal, Krazi
APTITUD: Invención
EQUIPO: Nunchakus del Rayo

SET: Monasterio del Spinjitzu
N.º DE SET: 70670
AÑO: 2019

Las empuñaduras de los Nunchakus del Rayo son cabezas de dragón

Motivos a juego con la empuñadura del nunchaku

SPINJITZU DEL RAYO
Jay fue el primero de los ninja en dominar el arte del Spinjitzu. Hoy puede girar y, raudo como el rayo, convertirse en un tornado crepitante de energía ninja eléctrica.

SU ELEMENTO ES EL RAYO, y en la batalla es igual de rápido. Su gusto por los inventos locos, su sed de aventuras y su sentido del humor son algunas de las cualidades que Wu sabía que harían de él un buen ninja de talento. Además, es creativo y le encanta resolver problemas.

ZANE

MAESTRO DEL HIELO

Sus ojos artificiales son de un azul glacial

Los dos Shurikens de Hielo son una de las Armas Doradas

Las manos negras contrastan con la túnica blanca, pero todos los reclutas las tienen así

FICHA NINJA

PASIÓN: Cocinar
AVERSIÓN: Bromas
AMIGO: Maestro Wu
ENEMIGOS: Wyplash, Bonezai
APTITUD: Lógica
EQUIPO: Shurikens de Hielo

SET: Monasterio del Spinjitzu
N.º DE SET: 70670
AÑO: 2019

ALA DELTA NINJA

Zane apareció por primera vez en los sets LEGO® de 2011 con un simple atuendo de instrucción. En Ninja Glider (set 30080), la minifigura original tiene un ala delta con seis espadas doradas y blande una catana negra.

ZANE ES TRANQUILO, serio y centrado. Aprende rápido y siente curiosidad por todo. Observa y aguarda el momento justo para atacar, y es tan callado y sigiloso que acecha a sus enemigos sin que lo pillen. ¡En cambio, él a su vez nunca pilla las bromas de sus amigos!

NYA
LA NINJA DEL AGUA

Nya maneja muchas armas, entre las que se cuentan las dagas

FICHA NINJA

PASIÓN: Su independencia
AVERSIÓN: Ser secuestrada
AMIGO: Jay
ENEMIGOS: Los Esqueletos
APTITUD: Tecnología
EQUIPO: Dagas, bastón

SET: Templo del Fuego
N.º DE SET: 2507
AÑO: 2011

¿LO SABÍAS?
Nya fue la primera minifigura de LEGO® NINJAGO® con doble cara. Después le siguieron Lloyd, P.I.X.A.L. y muchas otras.

Atuendo con motivos de fénix en las piernas

A SU RITMO
Nya se labró su propio camino antes de convertirse en la Ninja del Agua en 2015. En 2019 apareció en el Monasterio del Spinjitzu (set 70670) vestida de instrucción junto a Lloyd y los cuatro ninja originales.

NYA ES LA HERMANA DE KAI. Trabaja con él en la herrería Cuatro Armas y, aunque no se hace ninja de inmediato, es tan capaz como su hermano. Entrena mucho y siempre está lista para combatir el mal. Su talento para la informática le permite espiar a sus enemigos.

LORD GARMADÓN
REY DE LAS SOMBRAS

Con el casco del Inframundo controla a los Esqueletos

FICHA NINJA

PASIÓN: Planes malignos
AVERSIÓN: Los ninja
AMIGOS: No tiene
ENEMIGO: El Gran Devorador
APTITUD: Discutir con Wu
EQUIPO: Espada Rayo, casco del Inframundo

SET: La Fortaleza Oscura de Garmadon
N.º DE SET: 2505
AÑO: 2011

CON CUATRO BRAZOS
Garmadon es un enemigo habitual de los ninja. Va creciendo según aumentan sus poderes, ¡y hasta le sale otro par de brazos! Su avatar con cuatro brazos aparece en numerosos sets, como en el Ultradragón (set 70679) de 2019.

Los brazos adicionales le permiten blandir cuatro armas a la vez

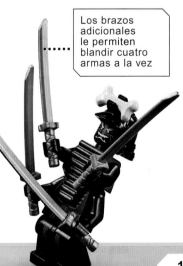

La Espada Rayo abate a los enemigos con electricidad

ES HERMANO DEL MAESTRO WU y hace mucho tiempo lo infectó una poderosa energía maligna. Lo desterraron al Inframundo, pero ha emprendido una misión para vencer a su hermano y destruir la isla de Ninjago. Instruye a los Esqueletos en el arte del Spinjitzu y los convierte en temibles adversarios.

SAMUKAI
ANTIGUO REY

Símbolos exclusivos

La cabeza giratoria le permite abrir la boca

FICHA NINJA

PASIÓN: Estar al mando
AVERSIÓN: Acatar órdenes
AMIGOS: Los otros generales
ENEMIGO: Lord Garmadon
APTITUD: Maquinar intrigas
EQUIPO: Nunchakus, shurikens, hoz

SET: La Fortaleza Oscura de Garmadon
N.º DE SET: 2505
AÑO: 2011

Con sus cuatro brazos huesudos puede blandir varias armas a la vez

LA HORMA DE SU ZAPATO
Los ninja aún se están formando cuando deben defender Ninjago contra el Ejército Esqueleto. Kai pone a prueba sus fieros poderes del Spinjitzu contra Samukai: ¡Es una lucha de fuego contra espadas!

SAMUKAI ERA EL REY del Inframundo, pero Lord Garmadon lo derrocó. Hoy, este temible guerrero lidera a los Esqueletos en combate contra los ninja bajo el mando de Garmadon, quien pretende usar al Samukai de cuatro brazos para que blanda las cuatro Armas Doradas.

KRUNCHA

GENERAL CON CASCO

FICHA NINJA

PASIÓN: Imponer su razón
AVERSIÓN: Ser ignorado
AMIGOS: Sus obedientes soldados
ENEMIGOS: Los ninja
APTITUD: Dar órdenes
EQUIPO: Espada oscura

SET: Robot Samurái
N.º DE SET: 70665
AÑO: 2019

El casco admite accesorios

ARMADURA

En sets de 2011 como La Lucha contra el Dragón del Rayo (set 2521), Kruncha lleva monóculo en el ojo derecho. Cabeza y casco forman una sola pieza, y sus grandes hombreras estampadas son exclusivas de su minifigura.

Hoja dentada, pesada y cortante

Prenda impresa en torso estándar de esqueleto

EL ATRONADOR, DURO Y FUERTE

Kruncha es uno de los cuatro generales al frente de los Esqueletos. Se lo toma todo en serio y espera que los demás hagan lo propio. Riñe a menudo a sus esbirros, pero también se pelea a todas horas con su colega, el General Nuckal.

13

WYPLASH

ESQUELETO SUSPICAZ

Wu lleva este sombrero

Daga pequeña pero afilada

DECORACIÓN CRANEAL

En 2011 Wyplash era algo distinto. En sets como La Defensa del Dragón de Tierra (set 2509) lleva el mismo sombrero, pero sobre un cráneo más grande ¡y con un gusano asomando por un lado!

Este gusano podría ser la causa de sus jaquecas

WYPLASH ES UN GENERAL de los Esqueletos y el segundo al mando de Samukai. El sigilo es su mayor don, y tiene por norma observar y esperar el momento idóneo para atacar a su adversario. Es un paranoico, y es capaz de girar su enorme cráneo por completo para detectar en todo momento al enemigo.

NUCKAL
VILLANO ESPELUZNANTE

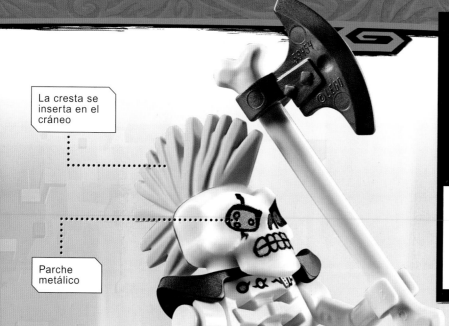

La cresta se inserta en el cráneo

Parche metálico

FICHA NINJA

PASIÓN: Sembrar el caos
AVERSIÓN: Aburrirse
AMIGOS: Krazi y otros malvados Esqueletos
ENEMIGOS: Quien se le cruce
APTITUD: Valentía
EQUIPO: Hacha de hueso y hierro

SET: Robot Samurái
N.º DE SET: 70665
AÑO: 2019

CABELLO HISTÓRICO
Nuckal apareció por primera vez en tres sets de 2011 con una cresta más parecida al lomo de un dinosaurio que a un peinado. En Dojo de Spinjitzu (set 2504) lleva una espada gris oscuro y un hacha.

Punzantes hombreras azules

¿LO SABÍAS?
En el set giratorio Nuckal (set 2173), este tiene unos brazos inusuales que le permiten blandir armas en horizontal.

NUCKAL ES INFANTIL, salvaje y muy peligroso. Le encanta luchar, y donde pueda haber problemas, ¡él los encontrará! La idea de diversión de este bruto huesudo es aplastar a los ninja ayudado de sus rápidos reflejos. Suele combinar sus golpes con una carcajada electrizante.

CHOPOV
MECÁNICO ESQUELETO

Casco metálico negro

Hacha

FICHA NINJA

PASIÓN: Soñar a lo grande
AVERSIÓN: Ruedas pinchadas
AMIGOS: Esqueletos
ENEMIGO: El Ninja de la Tierra Cole
APTITUD: Ingeniería
EQUIPO: Hacha de hueso de bronce

SET: Moto Calavera
N.º DE SET: 2259
AÑO: 2011

UNA MOTO CALAVERA
El vehículo de batalla de Chopov del set 2259 es una motocicleta *chopper*. La usa para combatir o huir. Su potente martillo calavera aplasta todo cuanto le sale al paso, ¡sobre todo si es un ninja!

Botas negras de los Esqueletos de 2011

Bisagra de la catapulta

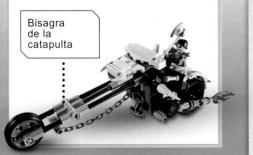

CHOPOV ES MUY DURO. No permite que nada se interponga en su camino, ¡ni siquiera un ninja! Es un guerrero listo y el mecánico jefe de los Esqueletos, cuyos vehículos mantiene. Secretamente le gustaría ser creativo y diseñar también los molones vehículos de los Esqueletos en lugar de Bonezai.

SOLDADOS ESQUELETO

MALOTES EN LOS HUESOS

Que su sonrisa no te engañe. ¡Bonezai es un peligro!

Heridas de guerra

FICHA NINJA

NOMBRE: Bonezai
SET: Estratagema Ninja
N.º DE SET: 2258
AÑO: 2011

FICHA NINJA

NOMBRE: Krazi
SET: El Dragón de Hielo Ataca
N.º DE SET: 2260
AÑO: 2011

Gorro de bufón extraíble rojo y azul

El casco con gafas lo protege en la batalla

FICHA NINJA

NOMBRE: Frakjaw
SET: Dragón de Batalla
N.º DE SET: 2521
AÑO: 2011

Shuriken de Hielo robado

La maza dorada amplía su campo de ataque cuando ejecuta sus movimientos de Spinjitzu

ESTOS GUERREROS ESQUELETOS de rango inferior no están al mando, pero todos tienen dones especiales. El gorro de bufón y maquillaje de payaso de Krazi confunden al enemigo, el parlanchín Frakjaw emplea la cháchara como distracción, y Bonezai diseña vehículos para los Esqueletos.

17

KAI DX

DRAGÓN DE FUEGO EXTREME

FICHA NINJA

PASIÓN: Volar con Flame
AVERSIÓN: Perder carreras de dragones
AMIGO: Flame
ENEMIGOS: Los Esqueletos
APTITUD: Susurrar a los dragones
EQUIPO: Catana negra, Espada de Fuego

SET: Templo del Fuego
N.º DE SET: 2507
AÑO: 2011

El turbante es igual que el del traje de instrucción de 2011

El Dragón de Fuego dorado estampado en el traje exhala el elemento fuego

VÍNCULO ELEMENTAL

Kai forja un vínculo con este poderoso Dragón de Fuego, criatura guardiana del Templo del Fuego. Kai lo llama Flame («Llama»), ¡nombre que le viene al pelo a un animal al rojo vivo de cabo a rabo!

Feroz cabeza con lanza-proyectiles en la mandíbula

Antes de dominar su Arma Dorada, Kai usa una catana corriente

KAI LOGRA DOMAR a su dragón y obtiene el rango DX (Dragon eXtreme), y de paso un nuevo traje ninja a juego. La primera vez que se agencia la ayuda de su dragón es cuando los ninja deben viajar al Inframundo. Kai lo anima a usar su increíble velocidad para volar en ayuda del Maestro Wu.

NINJA DX
TRAJES DE DRAGÓN EXTREME

Las inconfundibles cejas delatan a Jay

El turbante extraíble le oculta el rostro

FICHA NINJA

NOMBRE: Zane DX
SET: El Dragón de Hielo Ataca
N.º DE SET: 2260
AÑO: 2011

FICHA NINJA

NOMBRE: Jay DX
SET: La Lucha contra el Dragón del Rayo
N.º DE SET: 2521
AÑO: 2011

Nuevo fajín de obi azul marino

El Dragón de Hielo exhala frías bocanadas de hielo

¿LO SABÍAS?
Todos los ninja DX tienen la espalda estampada. Cada uno lleva su nombre y símbolo elemental al dorso del traje.

FICHA NINJA

NOMBRE: Cole DX
SET: La Defensa del Dragón de Tierra
N.º DE SET: 2509
AÑO: 2011

Hoz de los Temblores, vinculada al elemento tierra

Piernas estampadas con la cola del Dragón de Tierra

CADA NINJA DOMA a su dragón a su modo. El astuto Jay inventa un amplificador de rugidos para ganarse a Wisp, el Dragón del Rayo, pero al principio el Dragón de Hielo, Shard, congela al pobre Zane. Cole debe superar su miedo a los dragones para unirse al Dragón de Tierra, al que llama Rocky.

¡ESSSTA HISSSTORIA COBRA UN TINTE VENENOSSSO!

EL SEGUNDO PELIGRO que acecha a los ninja son las tribus de las Serpientes. Para impedir que estas conquisten la isla de Ninjago, ¡los ninja deberán liberar su «pleno potencial» y añadir al equipo a un nuevo y verde miembro!

LLOYD GARMADON

HIJO DE LORD GARMADON

FICHA NINJA

PASIÓN: Causar problemas
AVERSIÓN: Que lo ignoren
AMIGAS: Las Serpientes
ENEMIGOS: Los ninja
APTITUD: Molestar a quien se le acerque
EQUIPO: Pequeña daga

SET: Barco de Asalto Ninja
N.º DE SET: 71705
AÑO: 2020

Capa con capucha negra extraíble

¿LO SABÍAS?

Esta versión de 2020 de Lloyd tiene ojos verdes y cejas marrones, pero en la original de 2012 ambas cosas eran negras.

DOS CARAS

Lloyd tiene al padre más malo del mundo, lo cual es un legado peliagudo con el que lidiar. Como reflejan sus caras, alterna entre gastarle bromas molestas y aterrarse ante sus poderes.

El estampado del torso se parece al que luce su padre en el pecho

El «5» verde es un guiño a su futuro como quinto ninja

LLOYD GARMADON no es tan malo como su padre, Lord Garmadon. Estudia en la Escuela Darkley para Chicos Malos y le interesan más los dulces y las bromas que las intrigas para hacerse con la isla de Ninjago. Libera por accidente a las tribus de Serpientes y se convierte en su insólito líder.

21

CÓLE ZX
ZEN DE TIERRA EXTREME

No todas las versiones de Cole ZX llevan hombreras

Esta arma de tres puntas es el repelente de Serpientes definitivo

Peto protector de cuero

FICHA NINJA

PASIÓN: Viajar por carretera
AVERSIÓN: Los pinchazos
AMIGO: Zane
ENEMIGOS: Lasha y todas las Serpientes
APTITUD: Conducir su Vehículo de Asalto
EQUIPO: Sai dorados

SET: El Vehículo de Asalto de Cole
N.º DE SET: 9444
AÑO: 2012

¿LO SABÍAS?

La música de la flauta sagrada hipnotiza a las Serpientes. Los ninja usan grabaciones de esa música como arma secreta.

ASALTO TOTAL

El Vehículo de Asalto, en negro riguroso como el traje de Cole, parece a simple vista el clásico tanque de ruedas. Pero bajo el chasis se oculta un camuflaje verde que le permite sorprender a serpientes desprevenidas.

TRAS HORAS DE PRÁCTICA, Cole ha alcanzado el rango de ninja ZX (Zen eXtreme). Para exhibir su nuevo estatus se ha puesto unas hombreras de plata que protegen la parte superior de su torso. Como líder de los ninja, debe ayudarles a desarrollar sus destrezas Zen eXtreme.

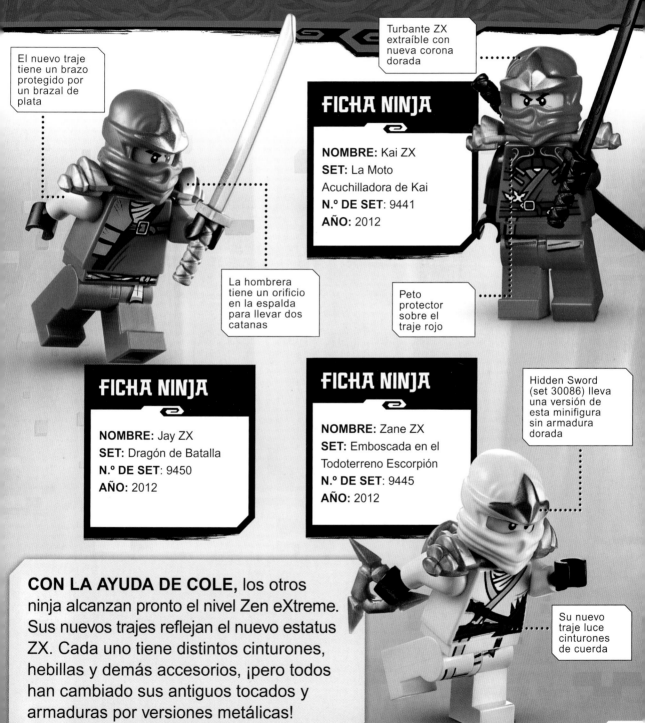

El nuevo traje tiene un brazo protegido por un brazal de plata

Turbante ZX extraíble con nueva corona dorada

FICHA NINJA

NOMBRE: Kai ZX
SET: La Moto Acuchilladora de Kai
N.º DE SET: 9441
AÑO: 2012

La hombrera tiene un orificio en la espalda para llevar dos catanas

Peto protector sobre el traje rojo

FICHA NINJA

NOMBRE: Jay ZX
SET: Dragón de Batalla
N.º DE SET: 9450
AÑO: 2012

FICHA NINJA

NOMBRE: Zane ZX
SET: Emboscada en el Todoterreno Escorpión
N.º DE SET: 9445
AÑO: 2012

Hidden Sword (set 30086) lleva una versión de esta minifigura sin armadura dorada

Su nuevo traje luce cinturones de cuerda

CON LA AYUDA DE COLE, los otros ninja alcanzan pronto el nivel Zen eXtreme. Sus nuevos trajes reflejan el nuevo estatus ZX. Cada uno tiene distintos cinturones, hebillas y demás accesorios, ¡pero todos han cambiado sus antiguos tocados y armaduras por versiones metálicas!

MAESTRO WU

CAPITÁN DEL BARCO DE ASALTO NINJA

FICHA NINJA

PASIÓN: Meditar

AVERSIÓN: Que lo molesten

AMIGO: Su hermano reformado Garmadon

ENEMIGAS: Las Serpientes

APTITUD: Dominio de los Elementos y el Spinjitzu

EQUIPO: Bastón Bo

SET: Barco de Asalto Ninja

N.º DE SET: 9446

AÑO: 2012

Dragón de Batalla (set 9450) y El Templo de la Luz (set 70505) llevan otra versión casi idéntica con un sombrero más brillante

¡Los motivos serpentinos lo protegen del mal, las serpientes y las serpientes malignas!

Dobladillo del traje estampado en las piernas

SEÑAL DE MAESTRÍA

Tres sets de 2011 llevan una versión de Wu con un traje menos detallado, como el Dojo de Spinjitzu (set 2504). El cinturón negro indica que ha alcanzado el nivel de experto en una arte marcial como mínimo, ¡y seguro que en muchas más!

EL MAESTRO WU, sereno y disciplinado, es el profesor ideal. Invierte su conocimiento, fruto de años de instrucción, en guiar a los ninja para que alcancen los siguientes tres rangos: ZX (Zen eXtreme), Kendo y NRG. Con el volador *Barco de Asalto Ninja* busca una nueva base. ¡Por suerte, no se marea en barcos ni aviones!

PYTHOR P. CHUMSWORTH

EL ÚLTIMO ANACONDRAI

FICHA NINJA

PASIÓN: Planes malignos
AVERSIÓN: Ensuciarse las manos
AMIGAS: Sus secuaces las Serpientes
ENEMIGOS: ¡Todo el mundo!
APTITUD: Mente malévola
EQUIPO: Bastón de las Serpientes, Espadas Colmillo

SET: Caza Supersónico de Jay
N.º DE SET: 70668
AÑO: 2019

Los Anacondrai destacan por su largo cuello

¿LO SABÍAS?

Los Anacondrai se comieron unos a otros cuando estuvieron presos. ¡Pythor acabó de general sin súbditos pero con la panza llena!

Cola ensortijada de serpiente creada para los personajes Anacondrai en 2012

¡Cabeza de acolmilladas fauces para engullir a amigos y enemigos!

NO TE FÍES DE UNA SERPIENTE

Cuando Pythor se hizo por fin con las cuatro Espadas Colmillo, las utilizó para liberar al Gran Devorador. Pero su momento de gloria duró poco: ¡lo primero que hizo este fue zampárselo!

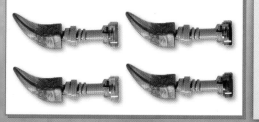

PYTHOR ERA EL GENERAL de los Anacondrai, la tribu de serpientes más temible del lugar. Hace muchos años los atraparon, y hoy Pythor es el único superviviente de la tribu. Quiere las cuatro Espadas Colmillo para liberar al Gran Devorador y destruir la isla de Ninjago.

ACIDICUS
GENERAL VENOMARI

¿LO SABÍAS?
El veneno tóxico de la tribu de los Venomari causa terribles alucinaciones. Acidicus lleva un vial con antídoto en un bastón especial.

Acidicus tiene dos colmillos laterales y dos frontales

FICHA NINJA

PASIÓN: Armas retorcidas
AVERSIÓN: Escasez de veneno
AMIGOS: Otros generales
ENEMIGO: Skalidor, a veces
APTITUD: Mente inventiva
EQUIPO: Espada Colmillo Venomari

SET: Dragón de Batalla
N.º DE SET: 9450
AÑO: 2012

Los generales de las Serpientes tienen cola en vez de piernas

UNA DE CUATRO
Hay cuatro antiguas Espadas Colmillo plateadas, una para cada gran tribu de serpientes y cada una con el veneno de su grupo. La de los Venomari tiene un espantoso vial verde de veneno en la base.

ACIDICUS, GENERAL del Ejército Venomari, es muy astuto. Ha creado unos viales especiales para que los Venomari lleven veneno extra en su equipo de combate y no se queden sin él en la batalla. ¡Qué maldad tan brillante! Sin embargo, nadie sabe dónde guarda él los suyos. Tal vez tiene bolsillos en la cola...

TRIBU VENÓMARI

VILLANOS SIN REMEDIO

¡Con estos colmillos demasiado grandes para su boca siempre babea veneno!

Cabeza con las rayas de rigor

Larga hoz de las Serpientes con un vial de veneno

FICHA NINJA

NOMBRE: Spitta
SET: Moto Acuchilladora de Kai y Motonieve de Zane
N.º DE SET: 70667
AÑO: 2019

Torso escamoso y con cicatrices similar al de otros miembros de los Venomari

FICHA NINJA

NOMBRE: Lasha
SET: Moto Acuchilladora de Kai y Motonieve de Zane
N.º DE SET: 70667
AÑO: 2019

Lasha es el mejor rastreador de la tribu a pesar de ser tuerto

FICHA NINJA

NOMBRE: Lizaru
SET: Lizaru
N.º DE SET: 9557
AÑO: 2012

¡**LA TRIBU VENOMARI** es realmente tóxica! Este grupo de sierpes moradoras de pantanos usa viales de su veneno natural para emponzoñar a sus enemigos. El tamaño y forma de sus cabezas indica su rango en la tribu, desde el segundo al mando, Lizaru, hasta el rastreador Lasha.

Correa en bandolera para los viales

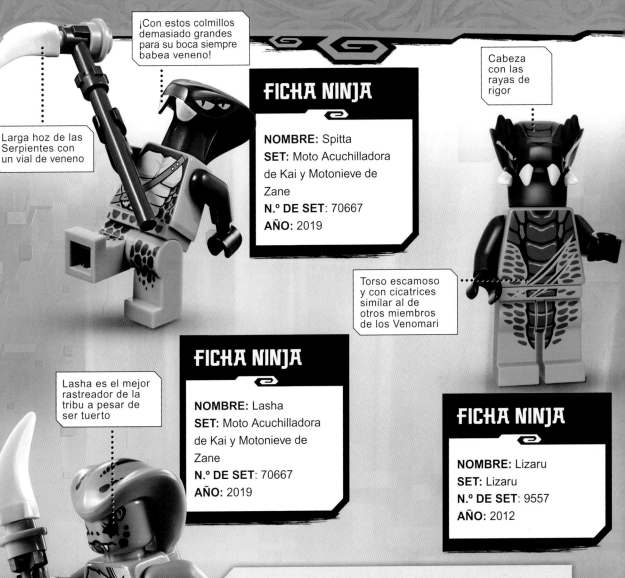

FANGTOM

GENERAL FANGPYRE

Dos cabezas
pequeñas
brotan del
cuello original

FICHA NINJA

PASIÓN: Tramar
estrategias elaboradas
AVERSIÓN: Desorden
AMIGO: Skales
ENEMIGO: Maestro Wu
APTITUD: Fuerte liderazgo
EQUIPO: Bastón Fangpyre
Dorado

SET: Emboscada en el
Todoterreno Escorpión
N.º DE SET: 9445
AÑO: 2012

Como general
de las Serpientes,
tiene cola en vez
de piernas

DA MUCHO LA VARA

Como general de la tribu
Fangpyre, Fangtom lleva un cetro
llamado Bastón Fangpyre Dorado.
El vial con antídoto para el veneno
único de los Fangpyre incorporado
al bastón termina en una cola
enroscada de serpiente.

FANGTOM ES EL GENERAL de la tribu
de los Fangpyre. Se mordió a sí mismo sin
querer cuando trataba de convertir a una
víctima en serpiente y el veneno hizo que su
cabeza se dividiera en dos. ¡Y dos cabezas
son mejor que una! Es el cerebro de la tribu
y causa el doble de problemas a los ninja.

TRIBU FANGPYRE

SERPIENTES CREADORAS DE SERPIENTES

FICHA NINJA

NOMBRE: Fangdam
SET: Emboscada en el Todoterreno Escorpión
N.º DE SET: 9445
AÑO: 2012

La pieza de dos cabezas es idéntica a la de su hermano, Fangtom

Snappa lleva un collar de colmillos similar al de Fang-Suei, pero con menos dientes

Las escamas estampadas se prolongan en las piernas

Distintiva cabeza estrecha y largo cuello hechos con el mismo molde de los de Constrictai Chokun, pero con los colores Fangpyre

Collar de colmillos exclusivo

¿LO SABÍAS?

¡A Fangdam le creció la segunda cabeza cuando su compañero Fang-Suei lo tomó por una babosa del desierto y lo mordió!

FICHA NINJA

NOMBRE: Snappa
SET: El Caza Supersónico de Jay
N.º DE SET: 9442
AÑO: 2012

FICHA NINJA

NOMBRE: Fang-Suei
SET: Robot Escorpión
N.º DE SET: 9455
AÑO: 2012

EL ROJO ES SEÑAL DE AVISO, ¡así que ojo con los motivos rojo vivo de los Fangpyre! Su mordedura venenosa puede volver en serpiente cualquier cosa y a cualquiera. El hambriento Fang-Suei muerde todo lo que encuentra y convierte muchas máquinas en serpentinos vehículos para su tribu.

SKALES

GENERAL HYPNOBRAI

Capucha azul de cobra con motivo hipnótico

FICHA NINJA

PASIÓN: Controlarlo todo
AVERSIÓN: Líderes incompetentes
AMIGO: General Fangpyre Fangtom
ENEMIGOS: Slithraa, los ninja
APTITUD: Fang-Kwon-Do
EQUIPO: Pica, Bastón Dorado

SET: El Vehículo de Asalto de Cole
N.º DE SET: 9444
AÑO: 2012

Pica de batalla para agarrar y romper armas

¿LO SABÍAS?
Hoy las tribus de Serpientes no pueden verse, pero hubo un tiempo en que los Hypnobrai y los Fangpyre fueron aliados.

¡HIPNÓTICO!
Ahora que es general de la tribu Hypnobrai, Skales custodia su Bastón Dorado. Los Hypnobrai tienen potentes ojos hipnóticos y el bastón contiene un antídoto para revertir el trance que provocan.

ESTA FRÍA Y CALCULADORA serpiente se convirtió en líder de los Hypnobrai cuando venció en una pelea al General Slithraa. Es una de las Serpientes más duras que hay, y anda siempre buscando la ocasión de saciar su sed de poder y control. Además, es ducho en Fang-Kwon-Do, una antigua arte marcial.

TRIBU HYPNOBRAI

¡NO LOS MIRES A LOS OJOS!

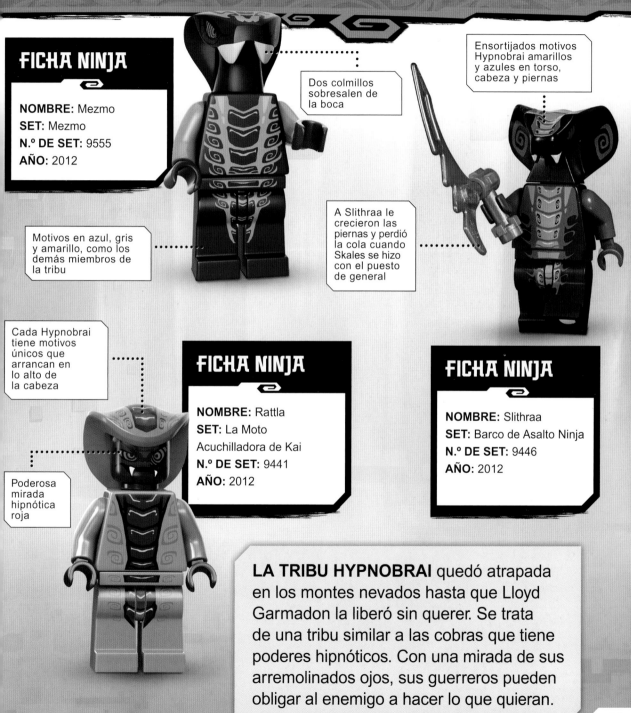

FICHA NINJA

NOMBRE: Mezmo
SET: Mezmo
N.º DE SET: 9555
AÑO: 2012

Dos colmillos sobresalen de la boca

Ensortijados motivos Hypnobrai amarillos y azules en torso, cabeza y piernas

A Slithraa le crecieron las piernas y perdió la cola cuando Skales se hizo con el puesto de general

Motivos en azul, gris y amarillo, como los demás miembros de la tribu

Cada Hypnobrai tiene motivos únicos que arrancan en lo alto de la cabeza

Poderosa mirada hipnótica roja

FICHA NINJA

NOMBRE: Rattla
SET: La Moto Acuchilladora de Kai
N.º DE SET: 9441
AÑO: 2012

FICHA NINJA

NOMBRE: Slithraa
SET: Barco de Asalto Ninja
N.º DE SET: 9446
AÑO: 2012

LA TRIBU HYPNOBRAI quedó atrapada en los montes nevados hasta que Lloyd Garmadon la liberó sin querer. Se trata de una tribu similar a las cobras que tiene poderes hipnóticos. Con una mirada de sus arremolinados ojos, sus guerreros pueden obligar al enemigo a hacer lo que quieran.

SKALIDOR

GENERAL CONSTRICTAI

FICHA NINJA

PASIÓN: Holgazanear
AVERSIÓN: Moverse rápido
AMIGO: General Acidicus
ENEMIGO: El Ultradragón
APTITUD: Sentarse sobre sus enemigos
EQUIPO: Hacha de batalla de doble hoja

SET: Dragón de Batalla
N.º DE SET: 9450
AÑO: 2012

El general lleva una cabeza inconfundible con pinchos plateados

¿LO SABÍAS?

Los Constrictai viven en cuevas y túneles subterráneos. ¡Son tan pesados que, cuando se desplazan sobre la tierra, abren grietas en el suelo!

Su arma es multifuncional; junta una afilada lanza con una doble hacha

HAMBRE DE BATALLA

Skalidor dirige a las Serpientes y al Gran Devorador junto al General Acidicus, de los Venomari, en una épica batalla contra los ninja y el Ultradragón. ¡Las Serpientes quieren engullir la isla de Ninjago con sus voraces fauces!

EL ROLLIZO PERO PELIGROSO

Skalidor es el General de la tribu Constrictai. No es tan atlético como el resto de la tribu, pero puede aplastar al enemigo de un solo golpe o incluso con su peso corporal. Que los ninja no se dejen engañar por su tamaño: ¡Skalidor tiene reflejos rápidos!

TRIBU CONSTRICTAI
¡SON APLASTANTES!

La cabeza de Bytar se parece a la del General Skalidor, pero luce púas de un naranja brillante

Tocado separado con accesorios de boa en la cabeza

Dado su bajo rango, este rastreador tiene el molde más simple de cabeza

FICHA NINJA

NOMBRE: Bytar
SET: Robot Samurái
N.º DE SET: 9448
AÑO: 2012

Siniestra cabeza alargada con escamas blanquigrises

Todos los Constrictai tienen las piernas cortas

Este soldado Constrictai blande una maza dorada

¿LO SABÍAS?
Los soldados y rastreadores Constrictai lucen torsos naranjas similares, pero motivos únicos de escamas grises.

FICHA NINJA

NOMBRE: Snike
SET: Robot Samurái
N.º DE SET: 9448
AÑO: 2012

FICHA NINJA

NOMBRE: Chokun
SET: Dragón de Batalla
N.º DE SET: 9450
AÑO: 2012

LA TRIBU MÁS BAJA del Ejército de las Serpientes también es la más fuerte. Los Constrictai aplastan al adversario con su fuerza para estrujar. Son serpientes fornidas sigilosas como un ninja que acechan en sus escondrijos bajo tierra hasta que están listas para atacar.

ZANE NRG
EXPLOSIÓN DE HIELO

FICHA NINJA

PASIÓN: Colores fríos
AVERSIÓN: El rosa
AMIGOS: Los ninja NRG
ENEMIGOS: Sus recuerdos
APTITUD: Dominio total del hielo
EQUIPO: Poder elemental

SET: NRG Zane
N.º DE SET: 9590
AÑO: 2012

¿LO SABÍAS?
Cada ninja alcanza su «pleno potencial» al aceptar una importante verdad: cuál es su auténtico yo.

La explosión en el pecho de Zane recuerda a una potente descarga de gélida energía

Zane es el único ninja NRG con las manos de distinto color que los brazos

UN PASADO SECRETO
Para Zane es sobrecogedor descubrir que es un nindroide creado de la nada por el brillante Dr. Julien. Un interruptor de su circuito restaura recuerdos felices de su «genial» padre.

PESE A TODOS LOS OBSTÁCULOS que se han interpuesto en su camino, Zane es el primer ninja en alcanzar su «pleno potencial». Para él eso significa descubrir que es un robot y no un ninja de carne y hueso. Cuando acepta esa verdad, se decide más que nunca a frenar a sus serpentinos adversarios.

34

NINJA NRG

ALCANZAR EL PLENO POTENCIAL

FICHA NINJA

NOMBRE: Kai NRG
SET: Pack de Combate
N.º DE SET: 9591
AÑO: 2012

Adecuada bola de fuego al rojo vivo en el traje de Kai NRG

¿LO SABÍAS?
Cada variante de ninja NRG aparece en un solo set, lo que hace de su pleno potencial toda una rareza.

El turbante ninja está decorado con un rayo

Las chispas y llamas se prolongan en las piernas

La energía del rayo crepita alrededor de los ojos de Jay

El nuevo traje de Cole luce el emblema de la tierra en vivos colores

FICHA NINJA

NOMBRE: Jay NRG
SET: NRG Jay
N.º DE SET: 9570
AÑO: 2012

El color favorito de Cole es el naranja, pero este nuevo traje NRG se ha decorado en rosa

FICHA NINJA

NOMBRE: Cole NRG
SET: NRG Cole
N.º DE SET: 9572
AÑO: 2012

CADA NINJA SE ENFRENTA a un desafío para liberar su «pleno potencial». Jay lidia con sus sentimientos románticos por Nya, Cole arregla su difícil relación con su padre, y Kai debe mirar en su interior y aprender a controlar su fogoso temperamento. Todos alcanzan el nivel NRG y son compensados con nuevos y llamativos trajes.

SAMURÁI X
GUERRERO SECRETO

FICHA NINJA

PASIÓN: Prácticas de espada
AVERSIÓN: Que no la dejen luchar ni la tomen en serio
AMIGO: Jay
ENEMIGOS: Las Serpientes
APTITUD: Construir robots
EQUIPO: Catanas, espada mecánica gigante

SET: Robot Samurái
N.º DE SET: 70665
AÑO: 2019

Casco protector dotado de cresta samurái ornamental con púas

La armadura cubre el traje de combate rojo e incorpora unas hombreras más anchas

Las catanas gemelas son como garras en su Samurái Mech

ARMADA PARA LUCHAR
La versión del Samurái X en La Batalla por la Ciudad de Ninjago (set 70728), de 2014, luce una armadura de historiado dibujo en vez de un peto accesorio. En su hombrera plateada caben dos catanas cruzadas.

La máscara roja oculta su rostro y su identidad

¿LO SABÍAS?
Nya cura las mordeduras de serpientes Fangpyre y sabe que una Espada Colmillo basta para frenar al Gran Devorador.

¿QUIÉN SE OCULTA tras la máscara del Samurái X? Por un tiempo nadie sabe quién es, hasta que un día se revela la verdad: ¡es Nya, la hermana de Kai! Ha entrenado sola y ha cultivado habilidades tan impresionantes como las de los ninja. ¡Además, se ha hecho un imponente traje de combate mecánico!

NINJA VERDE
MAESTRO DE LOS ELEMENTOS

Ojos verdes para un Ninja Verde

La forma de los pies asoma por la tela del calzado

Sencillo gi verde decorado con motivo de dragón

¿LO SABÍAS?
Gracias a un té mágico, Lloyd creció y alcanzó la edad de los otros ninja. ¡Y las piernas de su minifigura también crecieron!

KIMONO EVOCADOR

La *Enciclopedia de personajes* LEGO® NINJAGO® original que publicó DK incluía una versión exclusiva del Ninja Verde. Esa minifigura luce un historiado kimono verde y dorado, quizá un guiño al dorado futuro de Lloyd.

SEGÚN UNA ANTIGUA PROFECÍA, un Ninja Verde se alzaría entre el resto para combatir la oscuridad. Para sorpresa de todos, este resulta ser nada menos que Lloyd Garmadon. Gracias a los poderes transformadores de las Armas Doradas, se convierte en el Ninja Verde.

CAPÍTULO TRES

NINJA VS. SEÑOR SUPREMO

PARA LOS NINJA, las desgracias nunca vienen solas, ¡pues tres peligros se combinan en uno! Un Ejército de Piedra se alza del subsuelo, vuelve Lord Garmadon, y el antiguo ser llamado Señor Supremo hace que ambas amenazas sean peores que nunca!

¡ESTE CAPÍTULO TE DEJA DE PIEDRA!

KAI KIMONO
NINJA ELEMENTAL DEL FUEGO

FICHA NINJA

PASIÓN: Su Robot de Fuego
AVERSIÓN: Combatir a Nya
AMIGOS: Los ninja Kimono
ENEMIGOS: Los avariciosos
Señores Supremos
APTITUD: Luchar contra los
rastreadores de Garmadon
EQUIPO: Espada elemental
del Fuego

SET: El Robot del
Fuego de Kai
N.º DE SET: 70500
AÑO: 2013

¿LO SABÍAS?
Esta versión de Kai
con su traje elemental
es muy rara: solo se
encuentra en El Robot
del Fuego de Kai
(set 70500).

Turbante con
una visera con
corona dorada
de tres puntas

¡GRAN POTENCIA DE FUEGO!
El enorme y asombroso Robot
del Fuego tiene un blindaje
impenetrable, cañones, catanas
y espadas serradas. Kai lo pilota
desde una cabina en lo alto.

Espada del
Fuego de
doble filo

Kimono
elemental con
fajín con el
símbolo del fuego
en la espalda

EL EFUSIVO KAI recupera sus poderes
elementales en el Templo de la Luz, y su
traje refleja la poderosa energía que corre
por sus venas. Ya está listo para combatir al
Ejército de Piedra del Señor Supremo con su
potente robot en una batalla titánica por el
control de las cuatro espadas elementales.

JAY KIMONO
NINJA ELEMENTAL DEL RAYO

FICHA NINJA

PASIÓN: Su mochila
AVERSIÓN: Misiles rápidos
AMIGOS: Los ninja Kimono
ENEMIGO: General Kozu
APTITUD: Huir de la Moto Guerrera del Guerrero de Piedra
EQUIPO: Espada Elemental del Rayo

SET: La Moto Guerrera
N.º DE SET: 70501
AÑO: 2013

Espada elemental del Rayo

Kimono elemental con fajín y símbolo del rayo en la espalda

TRANSFORMACIÓN EN EL TEMPLO DE LA LUZ

Cuando Lloyd toca la campana del Templo de la Luz, la energía que produce eleva a los ninja a un rango elemental superior. Jay recobra su poder sobre el rayo y de su espada brota una hoja, símbolo de su elemento.

¿LO SABÍAS?

Jay usa una mochila propulsora para huir del Guerrero de Piedra, que lo persigue en su moto (La Moto Guerrera, set 70501).

JAY CONDUCE A LOS NINJA al Templo de la Luz, donde se produce su transformación y reaparece con un nuevo kimono elemental que refleja su elevado rango. Ahora vuelve a dominar su elemento, y necesitará sus rápidos reflejos para proteger la Espada elemental del Rayo.

CÓLE KIMÓNO

NINJA ELEMENTAL DE LA TIERRA

El turbante ninja protege su identidad

LA PERFORADORA DE COLE

Este vehículo superacorazado tiene una potente perforadora capaz de horadar cualquier obstáculo, ¡piedra incluida! Con Cole al volante, los ninja huyen en él de los Guerreros de Piedra.

Kimono del clásico negro de Cole con motivos grises

Pieza para perforar

TRAS PERDER y luego recobrar sus poderes, Cole está impaciente por ponerse al mando y despachar al Ejército de Piedra, y su traje de estilo kimono es ideal para el trabajo. Empuña la Espada de la Tierra y controla su elemento. Hay que contar con él, pues nunca ha sido tan fuerte.

ZANE KIMONO
NINJA ELEMENTAL DEL HIELO

Espada del Hielo

Kimono elemental con fajín y símbolo del hielo al dorso

¿LO SABÍAS?

La espada elemental de Zane genera hielo y escarcha. Dispara descargas de hielo que lo congelan todo.

AMIGO HALCÓN

El robot halcón de Zane lo creó su padre, el Dr. Julien, y aparece por primera vez en el set 70724. Comparte un vínculo especial con Zane y se comunica con él en sueños. El Ejército de Piedra lo captura, ¡pero Zane acude raudo y sigiloso a rescatarlo!

LOS PODERES MEJORADOS DE ZANE son tan frescos como su nuevo uniforme de ninja Kimono. Armado con su Espada del Hielo de doble filo, está listo para congelar al enemigo, y puede generar un gélido tornado capaz de dejar frío incluso al Ejército de Piedra.

NINJA DORADO
MAESTRO DEL SPINJITZU DEFINITIVO

FICHA NINJA

PASIÓN: Defender Ninjago
AVERSIÓN: Catapultas
AMIGO: El Dragón Dorado
ENEMIGO: El Señor Supremo
APTITUD: Invocar al Dragón Dorado
EQUIPO: Espada Mecánica Dorada, catana dorada

SET: Robot Dorado
N.º DE SET: 71702
AÑO: 2020

Las hombreras distinguen a este Ninja Dorado de la versión del set de 2019

Los motivos en verde denotan su identidad habitual

¿LO SABÍAS?

El Poder Dorado es la mayor fuerza elemental del mundo de Ninjago. Solo puede usarlo el Maestro del Spinjitzu Definitivo.

EL TOQUE DORADO

Este antiguo robot de combate solo responde a los poderes del Ninja Dorado. Lloyd lo halla junto al Dragón Dorado y lo despierta en el Templo de la Luz.

La cabina de Lloyd se aloja bajo un sombrero cónico dorado gigante

LLOYD GARMADON se convierte en el Ninja Dorado tras su primer combate contra el Señor Supremo. Ahora es el ninja más poderoso. Su armadura y su traje dorados reflejan su rango y potencial para dominar el Poder Dorado. ¡Con esta mejora ya puede derrocar al Señor Supremo!

LORD GARMADON
MAESTRO DE LA ISLA DE LA OSCURIDAD

Casco de las Sombras con las pinzas de escorpión del Ejército de Piedra

El torso secundario extraíble le otorga altura adicional

Las piernas estándar no aportan altura adicional

ISLA DE LA OSCURIDAD
Lord Garmadon lee acerca de la Isla de la Oscuridad en el cuaderno de bitácora del Capitán Soto, primer capitán del *Barco de Asalto Ninja,* y muy pronto se muestra resuelto a encontrar ese maligno lugar.

EL FORMIDABLE Maestro de la Oscuridad no renuncia a su atroz plan de hacerse con la isla de Ninjago. Guiado por el siniestro Señor Supremo y con un aspecto más maligno que nunca, Lord Garmadon solo piensa en vengarse. Domina al Ejército de Piedra en la Isla de la Oscuridad y está listo para atacar.

EL SEÑOR SUPREMO
MAESTRO DORADO

¿LO SABÍAS?
El Señor Supremo debe poseer algo o a alguien para adquirir forma física. ¡Aquí posee a Lord Garmadon!

El casco de samurái sin mentonera revela una mueca alarmante

Hombrera convexa

Un brillante núcleo de energía morada sugiere su forma auténtica

Parte inferior fantasmal en vez de piernas

FICHA NINJA
....

PASIÓN: Infligir daño, gobernar la isla de Ninjago
AVERSIÓN: Perder
AMIGOS: Los Señores Supremos no los necesitan
ENEMIGOS: Todo el mundo
APTITUD: Crear Ejércitos de Piedra, volar
EQUIPO: Lanza Fantasma

SET: Dragón Dorado
N.º DE SET: 70666
AÑO: 2019

SEÑOR SUPREMO ORIGINAL
El Señor Supremo de 2014, que aparece en La Batalla por la Ciudad de Ninjago (set 70728), solo tiene dos brazos. Un estampado único en una falda estándar representa su etérea parte inferior.

Arma de hoja dentada con hacha roja

DURANTE MUCHOS AÑOS nadie supo qué aspecto tenía el Señor Supremo. Solo se lo había vislumbrado como una sombra oscura que trataba de abatir el bien y sembrar el mal en el mundo. Al final se manifestó en 2014, ¡y más tarde, en 2019, se convirtió en una forma aún más espeluznante!

GENERAL KOZU

LÍDER DE ROSTRO PÉTREO

FICHA NINJA

PASIÓN: Amedrentar a sus tropas
AVERSIÓN: Que lo persiga Zane en su Araña de Hielo
AMIGO: Lord Garmadon
ENEMIGOS: Zane, los ninja
APTITUD: Hacer al menos cuatro cosas a la vez
EQUIPO: Espada del Hielo

SET: Robot Dorado
N.º DE SET: 71702
AÑO: 2020

El temible casco oculta un rostro aún más temible

Hombrera incorporada en la pieza del torso superior

¿LO SABÍAS?

Las tropas del Ejército de Piedra hablan una lengua misteriosa. El General Kozu es su traductor.

ALERTA ROJA

La minifigura original de Kozu lucía más rojo y una máscara aún más horripilante, con colmillos negros y «orejas» de murciélago. Solo aparece en un set, El Garmatrón (set 705045), de 2013.

Raras espadas mariposa

La malla de púas cuelga de las caderas

EL GENERAL KOZU es el segundo al mando en el Ejército de Piedra de Lord Garmadon. Es un guerrero curtido, y muy temible cuando blande un arma con cada uno de sus cuatro brazos. Dirige la explotación de minas de Materia Oscura y se mantiene activo: ¡con sus brazos adicionales intimida a sus tropas!

EJÉRCITO DE PIEDRA
ESCUADRÓN DE ESTATUAS

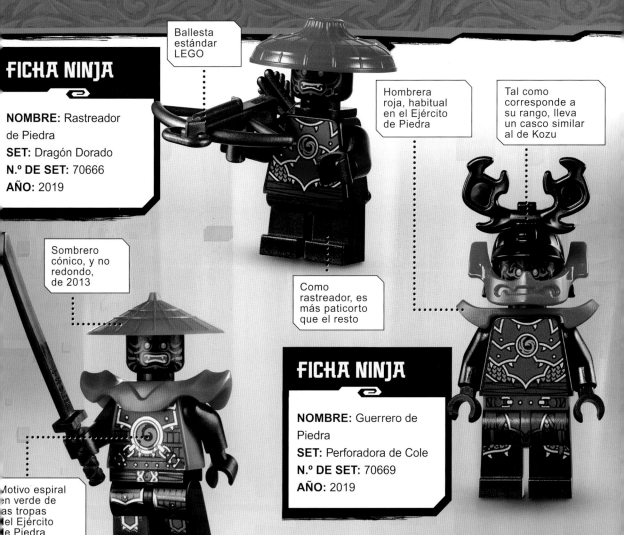

Ballesta estándar LEGO

Hombrera roja, habitual en el Ejército de Piedra

Tal como corresponde a su rango, lleva un casco similar al de Kozu

FICHA NINJA

NOMBRE: Rastreador de Piedra
SET: Dragón Dorado
N.º DE SET: 70666
AÑO: 2019

Sombrero cónico, y no redondo, de 2013

Como rastreador, es más paticorto que el resto

FICHA NINJA

NOMBRE: Guerrero de Piedra
SET: Perforadora de Cole
N.º DE SET: 70669
AÑO: 2019

Motivo espiral en verde de las tropas del Ejército de Piedra

FICHA NINJA

NOMBRE: Espadachín de Piedra
SET: La Perforadora de Cole
N.º DE SET: 70502
AÑO: 2013

EL SEÑOR SUPREMO creó el Ejército de Piedra, cuyos guerreros hizo de roca indestructible del Inframundo. Además de tener cuerpos duros como la piedra, muestran una obediencia ciega. Estos temibles adversarios desfilaron por primera vez en 2013, y se los llamó de nuevo a filas a partir de los sets Legacy de 2019.

¡SI NO GANAMOS, EXIJO UN REINICIO!

¡TODO HA CAMBIADO en la ciudad de Nueva Ninjago! Ahora Lord Garmadon es bueno, el Señor Supremo es digital y las calles están atestadas de guerreros nindroides. ¿Hemos dicho ya que el bueno del Maestro Wu ahora es un malote cibernético?

MAESTRO GARMADON

MAESTRO DEL SPINJITZU RENACIDO

El simple bastón Bo le sirve de puntero en clase, no para luchar

Recupera su color natural, ahora gris por la edad

¿LO SABÍAS?
Para compensar el mal que ha hecho, Garmadon jura no volver a luchar. ¡Su promesa se pone a prueba cuando llegan los nindroides!

FICHA NINJA

PASIÓN: Volver a ser bueno
AVERSIÓN: Su pasado
AMIGO: Su hermano Wu
ENEMIGO: El Señor Supremo digital
APTITUD: Instruir a los ninja
EQUIPO: Bastón Bo

SET: El Dragón Mecánico Nindroide
N.º DE SET: 70725
AÑO: 2014

El holgado traje luce un broche dorado y antiguas inscripciones

NINJA MENTOR

El Maestro Garmadon, con un traje diferente en Ninja DB X (set 70750), disfruta enseñando el Arte del Puño Silencioso, un arte marcial basado en la distracción y en eludir ataques enemigos.

Un jirón al dorso desvela un tatuaje de serpiente púrpura

GARMADON SE PURIFICA por completo del mal y pasa de ser un monstruo a volver a ser un hombre cuando Lloyd, el Ninja Dorado, parece derrotar al Señor Supremo. Los brazos adicionales de Garmadon y su coraza de señor oscuro desaparecen, y los remplaza el traje ninja de un pacífico Maestro del Spinjitzu.

CYRUS BORG
GENIO INFORMÁTICO POSEÍDO

FICHA NINJA

PASIÓN: Inventar
AVERSIÓN: Que lo controlen como a una máquina
AMIGO: Zane Tecno
ENEMIGO: Señor Supremo
APTITUD: La persecución
EQUIPO: Catana, sierra

SET: El Ataque de OverBorg
N.º DE SET: 70722
AÑO: 2014

El ojo humano restante refulge de energía

Ojo cibernético integrado en la pieza LEGO® del pelo

Sierra con hacha, un arma común entre los nindroides

PLANIFICADOR URBANO
Tras la primera derrota del Señor Supremo, Cyrus Borg quiso hacer de la isla de Ninjago un centro de avance tecnológico. Reconstruyó Ninjago y la llamó ciudad de «Nuevo Ninjago».

El OverBorg se desplaza por Ninjago en una araña mecánica

CYRUS BORG es inventor, informático y un eminente ciudadano de Ninjago, pero una mordedura de Pythor lo transforma en un ciberrobot a las órdenes del Señor Supremo Digital. Entonces se convierte en OverBorg y usa su talento tecnológico para convocar al Ejército Nindroide a fin de gobernar la isla.

COLE TECNO
NINJA DE LA TIERRA RENOVADO

FICHA NINJA

PASIÓN: Nueva tecnología
AVERSIÓN: Trituradores Deslizantes
AMIGOS: Los ninja Tecno
ENEMIGO: General Cryptor
APTITUD: Convertir robots de seguridad en otros de la Tierra
EQUIPO: Tecnomartillo

SET: Caza Terrestre del Trueno
N.º DE SET: 71699
AÑO: 2020

Nuevo traje para la versión Legacy de Cole Tecno

Martillo hecho con seis piezas LEGO

¿LO SABÍAS?
Las Tecnoespadas piratean sistemas informáticos y transforman máquinas corrientes en vehículos ninja de alta tecnología.

SU ROBOT DE LA TIERRA
Cole pilota su gran Robot de la Tierra desde la cabina alojada en la cabeza y dispara misiles con los cañones con espadas que lleva en los brazos.

Potente cañón con espadas

CON SU ELEGANTE TRAJE Tecno negro y un pañuelo a juego para bloquear el *software* de reconocimiento facial, Cole está listo para enfrentarse a su último enemigo, los nindroides. Ama los desafíos y pondrá su talento ninja al límite con su nuevo equipo Tecno, que incluye su martillo y su potente robot.

KAI TECNO

NINJA DEL FUEGO RENOVADO

Catana de plata igual que la de más de 50 sets LEGO

¿LO SABÍAS?

¡El set de 2020 Caza de Kai tiene 317 piezas más que la versión de 2014!

Sin mangas, para mantener fresco al Ninja del Fuego

FICHA NINJA

PASIÓN: Transformar coches en armas
AVERSIÓN: Insectos
AMIGOS: Los ninja Tecno
ENEMIGO: General Cryptor
APTITUD: Interceptar misiles
EQUIPO: Tecnoespada roja

SET: Caza de Kai
N.º DE SET: 71704
AÑO: 2020

SE APAGÓ LA LLAMA

La versión de 2014 de Kai Tecno llevaba un diseño de llama realista en su traje rojo de manga larga. Blandía la Tecnoespada roja en el Caza de Kai (set 70721) y en el Deportivo Ninja X-1 (set 70727).

EL BROCHE EN FORMA DE LLAMA del traje de Kai Tecno es un guiño a su flamante estilo de combate. Un pañuelo rojo le oculta el rostro, pero, al igual que todos los ninja Tecno, lleva sin cubrir el pelo revuelto. Al mando de su Caza de Kai, está listo para enfrentarse al siniestro Ejército Nindroide.

NINJA TECNO
HÉROES RENOVADOS

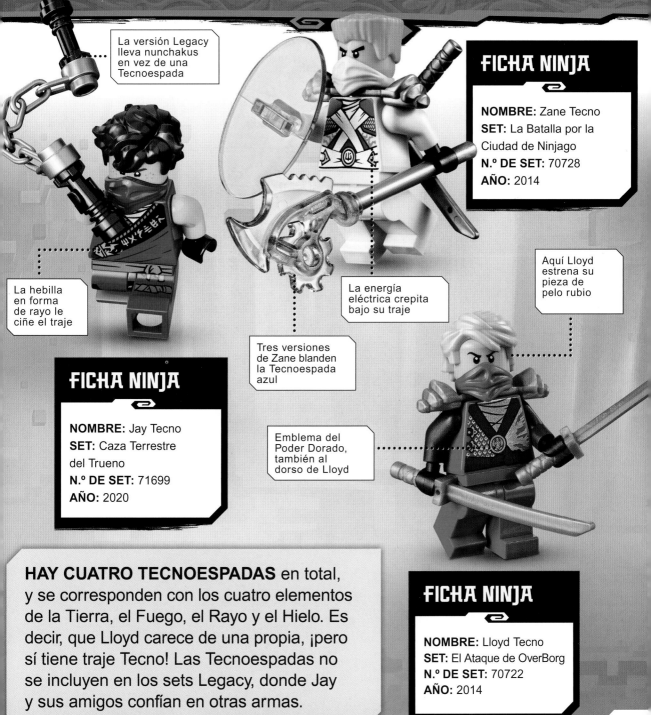

La versión Legacy lleva nunchakus en vez de una Tecnoespada

La hebilla en forma de rayo le ciñe el traje

Aquí Lloyd estrena su pieza de pelo rubio

La energía eléctrica crepita bajo su traje

Tres versiones de Zane blanden la Tecnoespada azul

Emblema del Poder Dorado, también al dorso de Lloyd

HAY CUATRO TECNOESPADAS en total, y se corresponden con los cuatro elementos de la Tierra, el Fuego, el Rayo y el Hielo. Es decir, que Lloyd carece de una propia, ¡pero sí tiene traje Tecno! Las Tecnoespadas no se incluyen en los sets Legacy, donde Jay y sus amigos confían en otras armas.

WU TECNO

BUEN MAESTRO VENIDO A MALO

Su clásico sombrero cónico ahora parece de metal, no de bambú

Ojos rojos de robot

El traje blanco y negro deja ver partes de ciberrobot

FICHA NINJA

PASIÓN: Pilotar el Dragón Mecánico Nindroide
AVERSIÓN: Los ninja huyendo en el coche de Nya
AMIGO: Pythor
ENEMIGOS: Sus viejos amigos
APTITUD: Luchar contra Garmadon
EQUIPO: Bastón Bo negro

SET: El Dragón Mecánico Nindroide
N.º DE SET: 70725
AÑO: 2014

VÍCTIMA DEL SR. SUPREMO

El Señor Supremo sondea la memoria del Maestro Wu y averigua dónde se ocultan los ninja. Luego lo convierte en su última víctima ciberdrónica y lo obliga a atacar a los ninja y a Garmadon. Es una batalla que los ninja no quieren librar.

ADIÓS AL kimono blanco y la barba de buen profesor: el Señor Supremo ha apresado al pobre Maestro Wu y lo ha convertido en un pérfido robot que viste de negro, acorde con su carácter oscuro. ¿Habrán perdido los ninja a su amado maestro para siempre?

P.I.X.A.L.
ANDROIDE EXCEPCIONAL

¿LO SABÍAS?
P.I.X.A.L. es de hecho la 16.ª androide idéntica que trabaja para el Señor Supremo Digital; la precedieron otras 15 P.I.X.A.L.

El otro rostro de P.I.X.A.L. tiene el ceño fruncido y ojos rojos, muestra de que está bajo el control del Señor Supremo

FICHA NINJA

PASIÓN: Acertijos
AVERSIÓN: Los nindroides
AMIGO: Zane
ENEMIGO: Señor Supremo Digital
APTITUD: Usar la tecnología
EQUIPO: Espada dentada

SET: NinjaCopter
N.º DE SET: 70724
AÑO: 2014

La espada dentada se parece a las serradas que utilizan los nindroides

AMIGOS PARA SIEMPRE
Zane cambia la programación de P.I.X.A.L. con su Tecnoespada y esta pasa de ser fría y mecánica a una amiga leal. Juntos destruyen a muchos nindroides. Cuando Zane cae herido, ambos descubren que son compatibles y se funden en un solo ser. ¡Y eso salva la vida de Zane!

P.I.X.A.L. SON LAS SIGLAS DE Primary Interactive X-ternal Assistant Life-form, y es un androide, es decir, un robot con forma humana. Cuando el Señor Supremo Digital la controla, P.I.X.A.L. copia el diseño de Zane para crear el Ejército Nindroide. Pero al final se libera de su programa y cambia de actitud.

GENERAL CRYPTOR

LÍDER DEL EJÉRCITO NINDROIDE

Turbante ninja mejorado con pieza de ojo robótico

Lanzamisiles láser tierra-aire

Armadura con alta tecnología incorporada

FICHA NINJA

PASIÓN: Parlotear
AVERSIÓN: Recibir palizas
AMIGOS: Ejército Nindroide
ENEMIGOS: Kai, los ninja
APTITUD: Disparar rayos láser
EQUIPO: Lanzamisiles robot, bazuca

SET: El Destructoide
N.º DE SET: 70726
AÑO: 2014

TECNOTANQUE

El General Cryptor controla su tanque de combate Destructoide desde su centro de mando, que es capaz de girar 360 grados. Ataca al enemigo con sus afiladas cuchillas y su disparador de disco, que lanza láseres y misiles.

EL GENERAL CRYPTOR, irascible y locuaz, es el segundo al mando del Señor Supremo, y el más poderoso y avanzado de los nindroides, lo que se ve reflejado en su exclusiva armadura. Se cree el guerrero más grande del mundo y suele subestimar a sus enemigos.

EJÉRCITO NINDROIDE
LAS MÁQUINAS MALVADAS DEL OVERBORG

FICHA NINJA

NOMBRE: Dron nindroide
SET: Triturador Deslizante
N.º DE SET: 70720
AÑO: 2014

Los dos ojos son artificiales, ¡pero uno parece más robótico!

FICHA NINJA

NOMBRE: Guerrero nindroide
SET: Caza Terrestre del Trueno
N.º DE SET: 71699
AÑO: 2020

Fajín a rayas bajo el cableado exterior

La máscara nindroide cubre la misma cabeza que la del dron

¡El hacha Tecno es hacha y motosierra!

Daga Tecno

El Mindroide es el único nindroide con piernas cortas

Fajín a rayas sobre el cableado y la coraza

FICHA NINJA

NOMBRE: Mindroide
SET: El Destructoide
N.º DE SET: 70726
AÑO: 2014

EL OVERBORG CONTROLA A los nindroides, y a él lo controla el Señor Supremo Digital. Los nindroides son versiones de Zane, más nuevas pero no por ello mejoradas. Tal vez sean más fuertes y rápidos que el Maestro de Hielo, pero carecen de su inconfundible honor y compasión.

CAPÍTULO CINCO

NINJA VS. SECTA ANACONDRAI

EL INTRIGANTE MAESTRO CHEN organiza un Torneo de Elementos, y los ninja combaten entre sí. Pero la competición entre Maestros Elementales no es ningún juego: es una treta para robar sus poderes y traer de vuelta a los Anacondrai. ¡Los ninja deben averiguar quién está de su parte y quién no!

MAESTRO CHEN

LÍDER DE LOS ANACONDRAI

Pieza de cráneo y púas de Anacondrai sobre la cabeza, con una serpiente morada alrededor

Rostro característico, con bigote, perilla y patillas

¿LO SABÍAS?

El Maestro Chen fue el tutor de los villanos Garmadon y Clouse. Quería vencer al Maestro Wu e imponer el mal.

Collar de dientes

Ribetes de oro y motivos de escamas

FICHA NINJA

PASIÓN: Planes perversos
AVERSIÓN: Adoradores poco inteligentes
AMIGO: El fiel Clouse
ENEMIGOS: Los no Anacondrai
APTITUD: Engañar
EQUIPO: Bastón de los Elementos

SET: Entrada al Templo
N.º DE SET: 70749
AÑO: 2015

EL BASTÓN DE LOS ELEMENTOS

El bastón de Chen tiene el Poder de la Absorción: roba el poder elemental y lo almacena en su esfera de cristal. Quien lo blanda podrá utilizar su contenido.

EL IRASCIBLE CHEN es un maestro del engaño. Organiza el Torneo de los Elementos a fin de robar los poderes de los Maestros Elementales y utilizarlos para realizar un conjuro que convierta a sus adoradores en Anacondrai, ¡y después destruir la isla de Ninjago!

59

PYTHOR

SUPERVIVIENTE ANACONDRAI RESUCITADO

Cuello largo y curvo, único en las Serpientes

La pesada hoja dentada abre paso en la selva

FICHA NINJA

PASIÓN: Paz y tranquilidad
AVERSIÓN: Desafíos a la raza Serpiente
AMIGOS: Los ninja nobles
ENEMIGOS: Los nuevos Anacondrai
APTITUD: Invisibilidad
EQUIPO: Espada de Bronce

SET: Ninja DB X
N.º DE SET: 70750
AÑO: 2015

Nuevo estampado morado sobre fondo blanco en cuerpo, cabeza y cola

CAMBIO DE BANDO

Cuando Pythor y Garmadon se conocieron, ambos eran enemigos de los ninja. Pero para cuando se celebró el Torneo de los Elementos, Garmadon luchó con los buenos, y Pythor también cambió de actitud.

UN HECHIZO EN EL ESTÓMAGO del Gran Devorador ha vuelto a Pythor de un blanco fantasmal. ¡Ahora el Maestro Chen quiere capturarlo y usar su sudor para crear a sus guerreros Anacondrai! A Pythor no le gusta demasiado la idea, así que puede que se alíe con los ninja...

SKYLOR

MAESTRA ELEMENTAL DEL ÁMBAR

FICHA NINJA

PASIÓN: Color rojo, sobre todo en Kai

AVERSIÓN: Padres malignos

AMIGO: Kai

ENEMIGOS: Los Anacondrai

APTITUD: Puede absorber los poderes de los demás

EQUIPO: Ballesta

SET: Helicóptero de Ataque Condrai

N.º DE SET: 70746

AÑO: 2015

Flecha y carcaj

El símbolo representa el número seis. ¿Se convertirá Skylor en el sexto ninja?

¿LO SABÍAS?
La madre de Skylor era la antigua Maestra del Ámbar, pero no se sabe qué le ocurrió y nadie conoce su paradero.

LAZOS DE FAMILIA
Durante el torneo, los ninja descubren que Skylor es la hija del Maestro Chen. Cuando Skylor se da cuenta de lo malvado que es su padre, no sabe si guardarle lealtad familiar o hacer lo correcto.

Piernas con rodilleras

LA TÚNICA DE SKYLOR refleja el poder elemental del Ámbar, el cual le permite absorber otros poderes a través del tacto y usarlos por su cuenta. Skylor, ninja instruida y consumada arquera, también participa en el Torneo de los Elementos. Pero ¿se puede confiar en ella?

KAI EN EL TORNEO
COMPETIDOR TEMIBLE Y FEROZ

¿LO SABÍAS?
La kama es una herramienta agrícola tradicional japonesa y un arma de artes marciales. ¡También se la llama «kai»!

Un broche en forma de llama ciñe la túnica

La kama puede cambiarse por varias Espadas de Jade

TONOS JADE
La versión Legacy del dojo del torneo incluye nuevas Espadas de Jade de varios tamaños y formas. A diferencia de las de 2015, son de un verde vivo en lugar de doradas con puntas verde traslúcido.

ATAVIADO CON LA TÚNICA SIN MANGAS que le regaló Chen, Kai está listo para el Torneo de los Elementos. Su túnica ligera es ideal para los movimientos del combate ninja, pero lleva un peto acorazado para protegerse. Kai entra rápido en la competición, sin pararse a pensar en las intenciones de Chen.

CÓLE EN EL TÓRNEO
ENGAÑADO Y ATRAPADO

Pañuelo negro a juego para ocultar el rostro

Hoz (Espada de Jade)

El gi ninja decorado con correa pectoral muestra los símbolos elementales de Kai, Cole, Jay y Lloyd

PILOTO DE FÁBRICA

Cuando Cole queda fuera del Torneo de los Elementos, Chen le roba sus poderes y lo pone a trabajar en su fábrica de fideos. El Ninja de la Tierra usa las instalaciones para construir un Destructor de Roca (set 71736).

ARMADO CON UNA HOZ y vestido de negro, Cole parece más serio que nunca. Para demostrar lo que vale, combina los poderes y la fuerza de su arma con gestos calculados y mucha estrategia. No obstante, ¡su nuevo atuendo no le bastará para huir de la trampa de Chen!

JAY EN EL TORNEO
DESAFORTUNADO EN EL AMOR

FICHA NINJA

PASIÓN: Vencer al mal
AVERSIÓN: Pelearse
con sus amigos
AMIGA: Nya
ENEMIGOS: Cole, Chen
APTITUD: Velocidad
y agilidad extremas
EQUIPO: Lanza (Espada
de Jade)

SET: Robot Eléctrico
N.º DE SET: 70754
AÑO: 2015

Lanza
(Espada
de Jade)

¿LO SABÍAS?
La versión Legacy
de Jay en el Torneo
blande nunchakus
en el Torneo de los
Elementos de 2021
(set 71735).

CONTIENDA AMOROSA
Cuando Jay descubre que Cole
también siente algo por Nya se
enfada con su amigo. Entonces
Chen se aprovecha de la situación
y enfrenta a ambos ninja en el
torneo. Desde el punto de vista
de Chen, así quita a dos ninja de
en medio.

Pierna
estampada
con fajín y tiras
en las rodillas

**LA NUEVA TÚNICA DE TORNEO
DE JAY,** ligera y elástica, es el atuendo
perfecto para demostrar su velocidad y
agilidad de ninja. Sus contrincantes deben
andarse con ojo, pues cuando Jay blande
su lanza, es un rival formidable, tanto
dentro como fuera del área de combate.

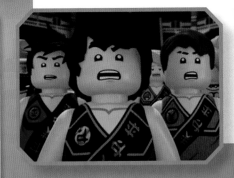

LLOYD EN EL TORNEO
SELVÁTICO

FICHA NINJA

PASIÓN: Viajar a lugares desconocidos, como selvas e islas
AVERSIÓN: Provocar percances
AMIGO: El intrépido Kai
ENEMIGO: Maestro Chen
APTITUD: Ayudar
EQUIPO: Mayal (Espada de Jade)

SET: Buggy de la Jungla
N.º DE SET: 70755
AÑO: 2015

El mayal (Espada de Jade) es un arma de estilo nunchaku

¿LO SABÍAS?
A partir de 2021, Lloyd en el Torneo tiene ojos verdes y un Destructor de Roca (set 71736) gracias a la versión Legacy.

BUGGY DE LA JUNGLA
El genial todoterreno verde de Lloyd, con sus grandes ruedas con pinchos, es el vehículo ideal para surcar el accidentado terreno de la selva. Con sus lanzamisiles frontales, el Ninja Verde puede combatir a los malvados Anacondrai.

EL NUEVO UNIFORME DE LLOYD
para el torneo, como el de los demás ninja, refleja su poderoso estatus de luchador. Cuando ya es el único competidor, debe combatir contra el Maestro Chen y usar todos sus poderes elementales para vencer a su adversario.

SAMURÁI X

MAESTRA DEL DISFRAZ

FICHA NINJA

....

PASIÓN: Los ataques sorpresa

AVERSIÓN: Ir de incógnito

AMIGO: Dareth, su compañero de aventuras

ENEMIGO: Chen

APTITUD: Engañar a todo el mundo con disfraces y sigilo

EQUIPO: Catanas negras

SET: Ninja DB X

N.º DE SET: 70750

AÑO: 2015

Casco de samurái con cresta de púas ornamental

La babera la protege y oculta su identidad

La túnica y armadura de samurái de Nya son verdes con llamas doradas y el emblema del fénix

ESPÍA KABUKI

La ingeniosa Nya es una experta del sigilo y el disfraz. Se cuela en el palacio de Chen vestida como un actor de kabuki para averiguar sus planes y entrar en contacto con los ninja.

NYA, PERSEGUIDA POR CHEN, sus secuaces y su hechizo que transforma en Anacondrai, se pone su aterradora coraza de samurái y huye a la jungla. Debe dar con los ninja y alertarlos de los malvados planes de Chen. ¡Nya despista al enemigo dejando huellas falsas!

KARLOF

MAESTRO ELEMENTAL DEL METAL

FICHA NINJA

PASIÓN: Metales brillantes
AVERSIÓN: La idea de
perder un combate
AMIGO: Su oponente Cole
ENEMIGA: La ladrona Skylor
APTITUD: Puñetazos
superpotentes, ingeniería
EQUIPO: Puños metálicos

SET: Enfrentamiento
en el Dojo
N.º DE SET: 70756
AÑO: 2015

Casco de
samurái

Armadura con
hombreras
y funda para
dos catanas

Puños como los
de los gorilas de
los sets LEGO®
Legends of Chima™

Coraza
plateada
sobre la
túnica negra

PRIMER ELIMINADO

Karlof pierde en la primera ronda
del torneo cuando el astuto Kai
le arrebata la Espada de Jade.
Lo conducen a una habitación
subterránea secreta donde Chen
le extrae su poder del metal.
Karlof, indefenso, es forzado a
trabajar en la Fábrica de Fideos.

AL BRUTO DE KARLOF le falta habilidad
como luchador; sin embargo, lo compensa
con fuerza y resistencia. Su cuerpo puede
volverse de metal, y sus manos, puños
metálicos gigantes, ¡golpean con una gran
potencia! Karlof nació en Metalonia, donde
trabajaba como mecánico e ingeniero.

GRIFFIN TURNER
MAESTRO ELEMENTAL DE LA VELOCIDAD

Cabeza con dos caras (al dorso, enfadada y sin gafas)

El arma de Griffin es un robusto bastón

Kimono con rayas «de carreras»

FICHA NINJA

PASIÓN: Ganar carreras
AVERSIÓN: Los retrasos
AMIGOS: Los ninja
ENEMIGO: Chen
APTITUD: Velocidad fabulosa, *kick-boxing*
EQUIPO: Bastón Bo

SET: Enfrentamiento en el Dojo
N.º DE SET: 70756
AÑO: 2015

EL MÁS RÁPIDO
A Griffin le encanta fardar de su poder elemental y es tremendamente competitivo con los ninja. Pero cuando descubre las intenciones de Chen, se une a los héroes.

¿LO SABÍAS?
Después del equipo ninja original, Griffin, Karlof y Skylor fueron los primeros Maestros Elementales en aparecer como minifiguras.

¡UN PARPADEO Y LO PIERDES! Griffin Turner es capaz de correr a velocidades increíbles. Con sus gafas de sol rojas y su kimono especialmente diseñado para correr, se cree un tipo guay. Supera varias rondas del Torneo de los Elementos, hasta que Chen lo engaña y le extrae sus poderes.

LOS ELEMENTALES

CONTENDIENTES DEL TORNEO

A su orden, brotan plantas del bastón

El collar flotante proyecta su sombra en la ropa

Su equipo luce la imagen de una estrella de rock retro

De las manos fluye energía gravitatoria

La guitarra es un arma improvisada

Torso desnudo con antiguos símbolos

TODOS ESTOS MAESTROS elementales compiten en el Torneo de los Elementos. Gravis, el Maestro de la Gravedad, hace que los objetos pesados sean más ligeros que el aire. Bolobo, el Maestro de la Naturaleza, controla las plantas. El Maestro del Sonido, Jacob, ¡puede hacer mucho ruido!

ZANE DE TITANIO

NINJA DEL HIELO RENACIDO

FICHA NINJA

PASIÓN: Entregarse
a sus nuevos poderes
AVERSIÓN: Pesadillas
AMIGO: El Dragón de Titanio
ENEMIGO: Clouse
APTITUD: Liberar al Dragón
de Titanio
EQUIPO: Sai dorado,
catanas

SET: Dragón de Titanio
N.º DE SET: 70748
AÑO: 2015

El zukin ninja es
un turbante con el
símbolo elemental
de Zane

Hombreras
de titanio con
vaina para
dos catanas

Dos shurikens
bajo el cinturón
de titanio

DOBLE TITANIO

La versión mejorada de Zane
tiene una cabeza con dos caras
de nindroide. Por un lado tiene el
rostro plateado de un feliz robot de
ojos azules, y por el otro, el de un
Zane muy serio, con visor protector
azul y un monóculo robótico.

SUS COMPAÑEROS NINJA creían que
el Maestro Dorado había destruido a Zane.
Sin embargo, este sobrevivió en forma digital.
Con el tiempo, Zane logró reconstruirse como
el Ninja de Titanio, con una molona armadura
nueva y todo. ¡Ahora reluce más que nunca
y está listo para reunirse con sus amigos!

CLOUSE

MANO DERECHA DEL MAESTRO CHEN

FICHA NINJA

PASIÓN: Hechizos escalofriantes
AVERSIÓN: El Reino Maldito
AMIGO: Maestro Chen (¡regala fideos!)
ENEMIGO: Garmadon
APTITUD: Brujería
EQUIPO: Pica, El Libro de los Hechizos

SET: Dragón de Titanio
N.º DE SET: 70748
AÑO: 2015

Motivo de colmillos de serpiente

Pica con cuatro puntas

EL APRENDIZ DE CHEN

Clouse se formó junto al joven Garmadon bajo la tutela del Maestro Chen. Cuando surgió la rivalidad entre los estudiantes, Chen anunció que el ganador se convertiría en su mano derecha. Garmadon hizo trampa y ganó; Clouse perdió y nunca se lo perdonó.

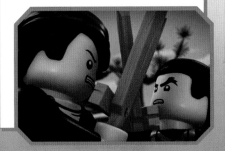

EL SINIESTRO CLOUSE, con túnica morada, es un maestro de la magia oscura. Miembro del Ejército Anacondrai de Chen, viste una armadura con cabezas y colmillos de serpiente. En cuanto Chen reúna todos los elementos, Clouse convertirá a los secuaces de Chen en Anacondrai con magia oscura.

EYEZOR

JEFE DE LOS GUERREROS ANACONDRAI

FICHA NINJA

PASIÓN: Sembrar el miedo
AVERSIÓN: Las palabras,
¡menos hablar y más actuar!
AMIGOS: Ninguno. No les
puede dar palizas, ¿no?
ENEMIGO: El furioso Kai
APTITUD: Intimidar
EQUIPO: Espada Anacondrai

SET: Helicóptero de Ataque
Condrai
N.º DE SET: 70746
AÑO: 2015

Pieza de
cresta en
vez del casco
de serpiente
que llevan
los demás
reclutas

Chaleco de
piel con hebilla
de cabeza de
serpiente

La espada
Anacondrai es
de hueso con filo
dentado morado

Cadenas y
hebillas punk
estampadas
en las piernas

¡CAZA AÉREA CONDRAI!

Eyezor persigue a Skylor por
la selva en el temible Helicóptero
de Ataque Condrai, con alas
ajustables para volar o atacar.
Desciende en picado lanzando
misiles y una red sobre su víctima.

EL DESPIADADO EYEZOR es el matón de
Chen y un general de su Ejército Anacondrai.
Su *look* punk-rock llama la atención de sus
víctimas. Se encarga del trabajo sucio de
Chen, y ayuda en la Fábrica de Fideos:
vigila a los obreros esclavizados y se
asegura de que trabajan duro y no huyen.

La «boca»
del
vehículo
arroja una
gran red

SECTA ANACÓNDRAI

LAS FALSAS SERPIENTES DE CHEN

Las hombreras con pinchos lo identifican como general

FICHA NINJA

NOMBRE: Zugu
SET: Destructor de Roca
N.º DE SET: 70747
AÑO: 2015

FICHA NINJA

NOMBRE: Krait
SET: Demoledor Anacondrai
N.º DE SET: 70745
AÑO: 2015

La espada Anacondrai es el arma principal del Ejército Anacondrai

Una cicatriz le parte los labios

Daga acolmillada

FICHA NINJA

NOMBRE: Sleven
SET: Cataratas de Lava
N.º DE SET: 70753
AÑO: 2015

Hacha de hueso de doble hoja

Tatuajes y hebilla con motivos de serpiente

A LOS MIEMBROS ANACONDRAI, como Zugu y Krait, no solo les gustan las serpientes, ¡sino que quieren ser serpientes! Al cauto Sleven no le hace mucha gracia, pero aun así adora al Maestro Chen. Así que todos se acercan cada vez más a la transformación mediante uno de los rituales de Clouse...

CHOPE'RAI
CHOPE TRANSFORMADO

FICHA NINJA

PASIÓN: Reptar
AVERSIÓN: Su nueva piel morada y resbaladiza
AMIGO: Kapau'rai
ENEMIGO: Maestro Wu, por orquestar su derrota
APTITUD: Liderar ataques
EQUIPO: Espada Anacondrai

SET: Dragón de Titanio
N.º DE SET: 70748
AÑO: 2015

Espada de hueso, con hoja dentada y afilada

Hombrera decorada con colmillos de serpiente

¿LO SABÍAS?
Unos auténticos fantasmas Anacondrai convocados por Wu destierran a los falsos Anacondrai al Reino Maldito.

FALSA SERPIENTE
Antes de convertirse en Chope'rai, Chope lleva tatuajes faciales y un casco de cráneo de serpiente para parecerse más a un Anacondrai. Su forma humana solo aparece en Robot Eléctrico (set 70754), de 2015.

Tatuaje de serpiente y músculos en el torso

¡LOS ANACONDRAI HAN VUELTO!
Clouse torna en serpientes a los adeptos humanos del Maestro Chen con el sudor de Pythor. Chope se transforma en la serpiente Chope'rai, cuya misión es ayudar a Chen a tomar Ninjago. ¿Podrán los Maestros Elementales vencer a este temible enemigo?

KAPAU'RAI

KAPAU TRANSFORMADO

FICHA NINJA

PASIÓN: Su nueva cola
AVERSIÓN: El destierro al Reino Maldito
AMIGO: Chope'rai
ENEMIGO: El Ejército de Wu
APTITUD: Vigilar prisiones
EQUIPO: Espada Anacondrai

SET: Entrada al Templo
N.º DE SET: 70749
AÑO: 2015

Las nuevas piezas de cola y cabeza son como las de Chope'rai

¿LO SABÍAS?

Para lograr una transformación permanente, los guerreros necesitaban el sudor de un auténtico Anacondrai.

Un brazo rojo, como en su forma original

Centro del torso con escamas metálicas

DE SOLDADO A SERPIENTE

Si comparas a Kapau con Kapau'rai verás que su armadura y cinturón son similares. ¡Cuando se vuelve serpiente, solo pierde el casco y sus zapatos de púas!

CON LA MAGIA DE CLOUSE, Kapau, de la secta Anacondrai, cumple su sueño y se convierte en la serpiente acorazada Kapau'rai. Con sus colmillos y su estilosa cola, sigue a su maestro hasta el combate final contra los Maestros Elementales en el Pasillo de los Antepasados.

KAI EN LA JUNGLA
A LA CAZA DE SERPIENTES

¿LO SABÍAS?
Al empezar a creer en Skylor y superar sus problemas de confianza, Kai logra desbloquear su Dragón de Fuego elemental.

FICHA NINJA

PASIÓN: Jugar al escondite en la jungla
AVERSIÓN: Que alguien traicione a sus amigos
AMIGA: Skylor
ENEMIGO: El astuto Chen
APTITUD: Engañar a Chen
EQUIPO: Espadas doradas

SET: Demoledor Anacondrai
N.º DE SET: 70745
AÑO: 2015

¡El rojo no es lo más adecuado para la selva!

Uniforme con cinturón de cuero y bolsa con insignia del fuego

Dos puñales kunai, ambos enfundados en bandolera de cuero

VÍNCULO ELEMENTAL

Kai se sorprende y se alegra a la vez cuando, tras ayudar a Skylor a huir de su padre, esta confiesa que también siente algo por él.

KAI Y SUS CAMARADAS ninja combaten a los sectarios Anacondrai en la jungla de la hostil isla de Chen. Por suerte, su nuevo atuendo, uniforme ligero y turbante zukin, es ideal para arrastrarse con sigilo entre la maleza y tender una emboscada a esos adoradores de serpientes.

PREPARADOS PARA TODO

Funda de cuero para dos catanas doradas

FICHA NINJA

NOMBRE: Lloyd en la jungla
SET: Entrada al Templo
N.º DE SET: 70749
AÑO: 2015

Mapa para llegar al Templo Anacondrai

Sai dorado

FICHA NINJA

NOMBRE: Jay en la jungla
SET: Entrada al Templo
N.º DE SET: 70749
AÑO: 2015

FICHA NINJA

NOMBRE: Cole en la jungla
SET: Destructor de Roca
N.º DE SET: 70747
AÑO: 2015

Uniforme con cinturón de piel y bolsa con la insignia del rayo

Zukin ninja con el símbolo elemental de Cole

CUANDO LOS ANACONDRAI se ocultan en una jungla sofocante y peligrosa, los ninja se ponen trajes especiales para localizarlos. Su atuendo especial para la selva combina ropa ligera con recios cinturones y hombreras de piel, y llevan armas y otras herramientas útiles para moverse en ese entorno.

Rodilleras de cuero

CAPÍTULO SEIS

NINJA VS. NINJA FANTASMA

EL NINJA VERDE se vuelve malvado cuando el fantasma Morro conquista su mente y su cuerpo. Los amigos de Lloyd harán lo que sea para que vuelva a ser el de antes, aunque se arriesguen a que también los conviertan en fantasmas…

¡EN ESTE CAPÍTULO SOY UN FANTASMÓN!

MORRO

FANTASMA MAESTRO ELEMENTAL DEL VIENTO

¿LO SABÍAS?

Morro fue desterrado al Reino Maldito, pero huyó como fantasma cuando Garmadon abrió el portal para liberar a los Generales Anacondrai.

Un pañuelo oculta la cara

Traje ninja con la insignia del Poder Dorado

Piernas verdosas traslúcidas

FICHA NINJA

PASIÓN: Demostrar que Wu se equivoca
AVERSIÓN: Hacerse *selfies*, perder el cristal del Dominio
AMIGO: Arquero Fantasma
ENEMIGO: Lloyd
APTITUD: Airjitzu
EQUIPO: Látigo Aullador

SET: El Vuelo Final del Barco de Asalto Ninja
N.º DE SET: 70738
AÑO: 2015

Capa negra andrajosa

ESTUDIANTE MODELO

Morro fue el primer alumno de Wu. Dominó pronto las artes marciales y Wu pensó que podría convertirse en el Ninja Verde. Cuando se dio cuenta de que eso nunca ocurriría, Morro se obsesionó con demostrar a Wu que estaba equivocado.

EL FANTASMA DE MORRO REGRESA

del Reino Maldito para vengarse de Wu y los ninja. Movido por la envidia, Morro emplea su ingenio y dominio del viento, su elemento, para poseer a Lloyd y atacar a los otros ninja. Su misión consiste en traer de nuevo el mal a la isla de Ninjago.

LLÓYD RÓCADURA

EN LAS GUERRAS FANTASMA

Turbante zukin
bicolor y de
doble capa

Símbolo del
Ninja Verde
en la parte
frontal del torso

Tiras y cinturón
del color personal
de Lloyd

ESTILO ROCADURA
La minifigura de Lloyd Rocadura
aparece en dos sets. Su aspecto
es intercambiable: viene con
un nuevo turbante zukin y su
característico pelo rubio.

TRAS VENCER AL MAESTRO CHEN,
Lloyd y sus colegas ninja deben hacer frente
al peligroso Morro y su Ejército Fantasma.
Lloyd está resuelto a librar a la isla de
Ninjago de estas macabras criaturas, pero
¿bastará su nueva armadura Rocadura
para protegerlo de las fuerzas oscuras?

NINJA VERDE POSEÍDO

¡LLOYD MALVADO!

Turbante zukin de bordes irregulares y pañuelo verde incorporado

Espada del Santuario

FICHA NINJA

PASIÓN: Robar reliquias
AVERSIÓN: Los obstáculos
AMIGO: Morro
ENEMIGOS: Los ninja
APTITUD: Pilotar el Dragón de Morro
EQUIPO: Espada del Santuario

SET: El Ataque del Dragón de Morro
N.º DE SET: 70736
AÑO: 2015

¿AMIGO O ENEMIGO?

El Ninja Verde malvado ataca al *Barco de Asalto Ninja* e intenta robar el bastón del primer Maestro del Spinjitzu. En la lucha contra los otros ninja, Kai recuerda a Lloyd su verdadero ser por un instante, pero Morro enseguida lo controla.

¿LO SABÍAS?

La Espada del Santuario tiene el poder de la precognición, lo cual permite ver el futuro a quien la blande.

LLOYD SE CONVIERTE en el Ninja Verde malvado cuando Morro lo posee. El maquiavélico Morro engaña a Lloyd en el Museo de Historia de Ninjago y se hace con el control de su cuerpo. Lloyd adopta el macabro aspecto de su dueño y viste siniestras túnicas harapientas.

JAY ROCADURA

CAZAFANTASMAS

FICHA NINJA

PASIÓN: Tumbas tétricas
AVERSIÓN: Pruebas letales
AMIGOS: El miedica de Cole
ENEMIGA: Bansha
APTITUD: Proteger a sus amigos
EQUIPO: Nunchakus Rocadura

SET: Jay Walker One
N.º DE SET: 70731
AÑO: 2015

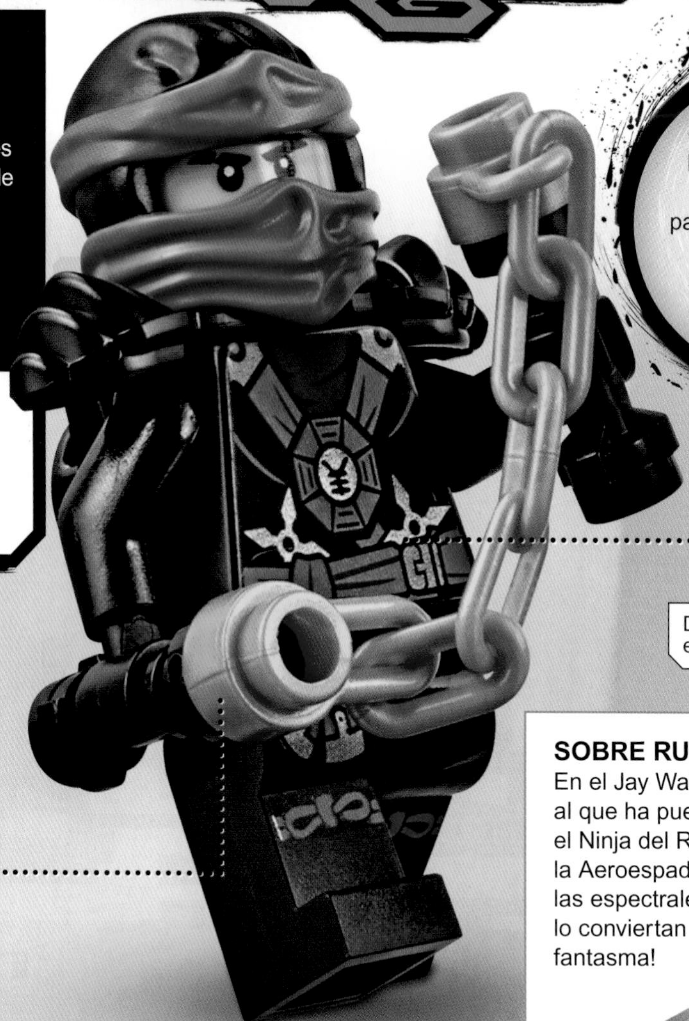

¿LO SABÍAS?

Las Aeroespadas, armas circulares parecidas al shuriken, pueden derrotar a los fantasmas al entrar en contacto con ellos.

Dos shurikens en el cinturón

Nunchakus Rocadura

SOBRE RUEDAS
En el Jay Walker One –el coche al que ha puesto su nombre–, el Ninja del Rayo debe encontrar la Aeroespada... ¡antes de que las espectrales tropas de Morro lo conviertan también en fantasma!

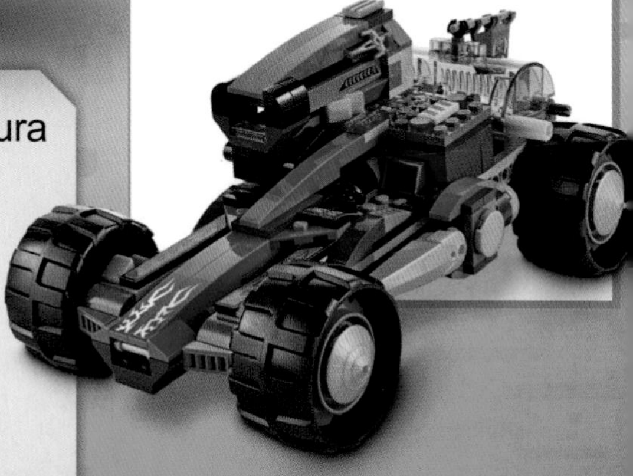

JAY MANEJA SUS NUNCHAKUS Rocadura a toda velocidad y alcanza una gran potencia. Ataviado con su nuevo y elegante traje acorazado, está tranquilo y concentrado en su misión: conseguir el Pergamino de Airjitzu y continuar con los desafíos del Templo Encantado.

KAI ROCADURA

FUEGO SOBRE EL AGUA

Turbante zukin rojo, color típico de Kai

Hoz Rocadura

¿LO SABÍAS?

La Rocadura, que se extrae del lecho marino, es el material más eficaz para hacer armas para combatir a fantasmas hidrofóbicos.

CONTRA EL SAQUEADOR

En El Ataque del Dragón de Morro, Kai pilota un jet aerodinámico para perseguir al Ninja Verde malvado. Está resuelto a impedir que su enemigo robe el cristal del Dominio de la tumba del primer Maestro del Spinjitzu.

Símbolo elemental de Kai en la parte frontal del torso

EL FEROZ KAI hará lo imposible (¡incluso superar su miedo al agua!) para salvar a su amigo Lloyd. Armado con su Hoz Rocadura, se dirige a la Ciudad de Stiix dispuesto a luchar contra Morro y su macabro ejército.

ZANE ROCADURA

NINDROIDE CONTRA FANTASMAS

FICHA NINJA

PASIÓN: Vencer a robots
AVERSIÓN: La cadena fantasma de Wrayth
AMIGO: El exaltado Kai
ENEMIGO: Wrayth
APTITUD: Pilotar el Titán Robot
EQUIPO: Aeroespada

SET: Combate en el Titán Robot
N.º DE SET: 70737
AÑO: 2015

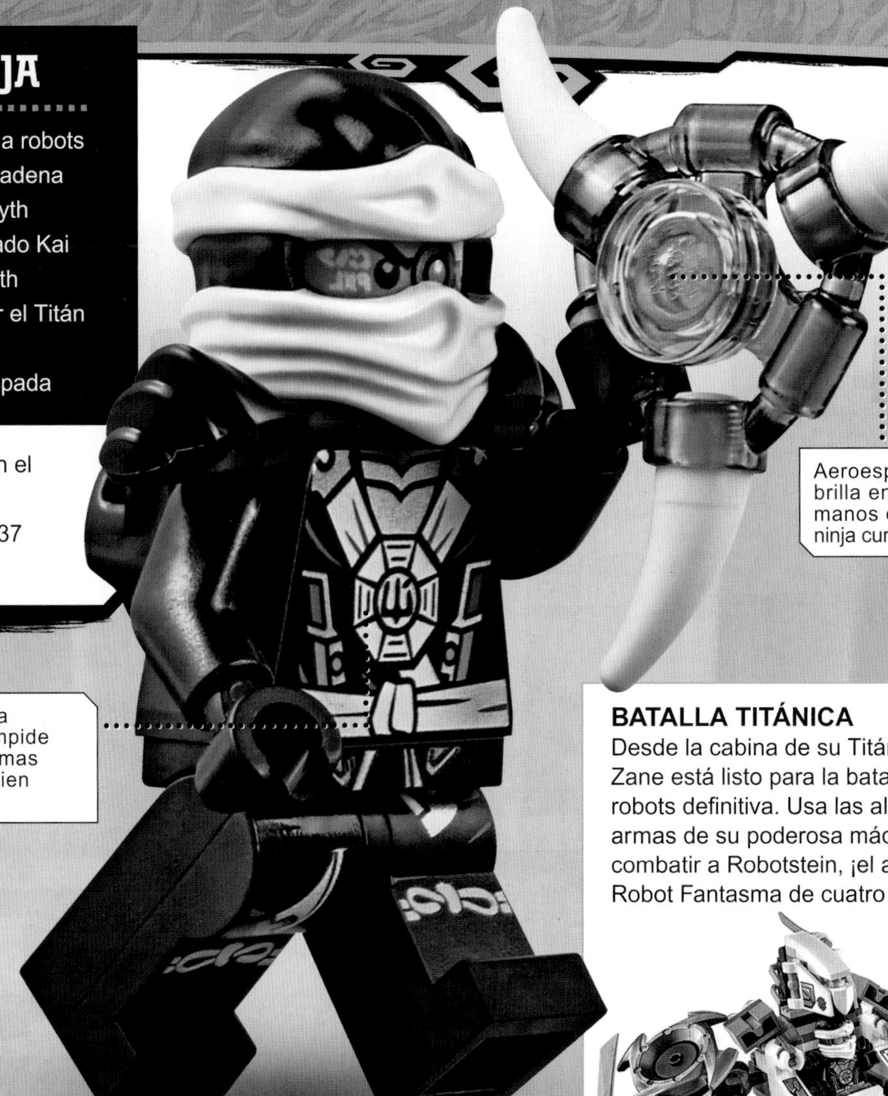
Aeroespada: brilla en manos de un ninja curtido
La armadura Rocadura impide a los fantasmas poseer a quien la lleva

BATALLA TITÁNICA
Desde la cabina de su Titán Robot, Zane está listo para la batalla de robots definitiva. Usa las alucinantes armas de su poderosa máquina para combatir a Robotstein, ¡el aterrador Robot Fantasma de cuatro brazos!

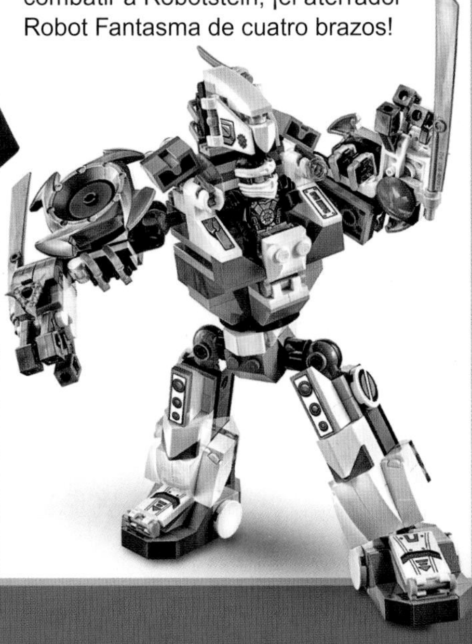

¡EL NINJA DE TITANIO ha vuelto! Con su nuevo estilo y su equipo Rocadura, Zane dejará helados a sus rivales. Emplea a fondo su superior inteligencia robótica, resistencia y sexto sentido para vencer y burlarse de su espectral enemigo. Armado con una Aeroespada, ¡Zane es un peligro!

CÓLE ROCADURA

AZOTE DE FANTASMAS

Turbante zukin bicolor

FICHA NINJA

PASIÓN: La armadura negra
AVERSIÓN: Los templos encantados
AMIGO: Jay
ENEMIGO: Arquero Fantasma
APTITUD: Superar miedos
EQUIPO: Hoz Rocadura

SET: Moto Artillera
N.º DE SET: 70733
AÑO: 2015

UNA MOTO DE BORG

Cyrus Borg construyó esta motocicleta única para que Cole pudiera luchar contra los Guerreros Fantasma.

Cañones a ambos lados para atacar a los fantasmas

COLE ROCADURA, un auténtico ninja sereno y centrado, usa sus habilidades de combate y portentosa fuerza para proteger a sus compañeros contra los aterradores Guerreros fantasma. Supera sus miedos y antepone la seguridad de sus amigos a la suya.

RÓNIN
MERCENARIO Y LADRÓN

Una de las dos espadas Rocadura de la funda al hombro

Parche con escáner de fantasmas

FICHA NINJA

PASIÓN: Robar
AVERSIÓN: Perder apuestas
AMIGOS: Prefiere el dinero
ENEMIGOS: Todo el mundo
APTITUD: Robar, modificar recuerdos, pilotar aeronaves
EQUIPO: Pistolas bláster

SET: Ronin R.E.X.
N.º DE SET: 70735
AÑO: 2015

EL FACTOR R.E.X.
A bordo de su alucinante doble aeronave, dotada con un vehículo Airjitzu extraíble y arsenal de armas, Ronin es el amo del cielo, así como el mejor aliado de los Guerreros Fantasma.

MOVIDO POR LA CODICIA y el dinero, Ronin hace el trabajo sucio de todo el que le pague. Pero cuando acaba en compañía de los ninja, su espíritu de equipo se le contagia y usa su aeronave R.E.X. para ayudarlos en la lucha contra los Ninja Fantasma de Morro.

NYA RÓCADURA

MAESTRA ELEMENTAL DEL AGUA

En el set 70738, Nya luce un pelo intercambiable con su zukin ninja

Fajín con la nueva insignia del agua

VISIÓN DEL FUTURO

Antes de que Nya libere sus poderes elementales, Jay tiene una visión del futuro de ambos, en la que son curtidos Maestros Elementales. El futuro Jay ya salió como minifigura en 2018, ¡pero la futura Nya aparece por primera vez en este libro!

¿LO SABÍAS?

¡Los poderes elementales le vienen de familia! Nya heredó el poder elemental del agua de su madre, Maya.

¡NYA ESTÁ CUMPLIENDO SU DESTINO!

Con el Maestro Wu como guía, encuentra a su ninja interior y aprende a dominar su poder elemental. Ahora puede manipular y generar agua con la mente, y se zambulle en la batalla contra Morro y los fantasmas, ¡que resulta que temen al agua!

ARQUERO FANTASMA

MAESTRO DEL ARCO

Turbante zukin estilo ninja con pañuelo morado anudado

FICHA NINJA

PASIÓN: Capturar almas
AVERSIÓN: Ser engañado
AMIGO: Morro
ENEMIGO: El oscuro Ronin
APTITUD: Convertir a sus enemigos en fantasmas con flechas letales
EQUIPO: Arco y flecha

SET: Dragón del Maestro Wu
N.º DE SET: 70734
AÑO: 2015

Armadura con hombreras y túnica harapienta

EL HOMBRE DE MORRO
El Arquero Fantasma es la mano derecha de Morro. Este lo saca del Reino Maldito para que sus infalibles flechazos y su naturaleza perversa lo ayuden a conseguir el Pergamino de Airjitzu.

Soporte espectral traslúcido en vez de piernas

ESTE HORRIPILANTE FANTASMA es un arquero excepcional: ningún espectro tira como el Maestro del Arco. Además, cuando dispara sus flechas puede crear espectralizadores, criaturas que, si se adhieren a la cabeza de un humano, lo convierten en fantasma.

MAESTROS FANTASMAS
LOS MÁS FIELES DE MORRO

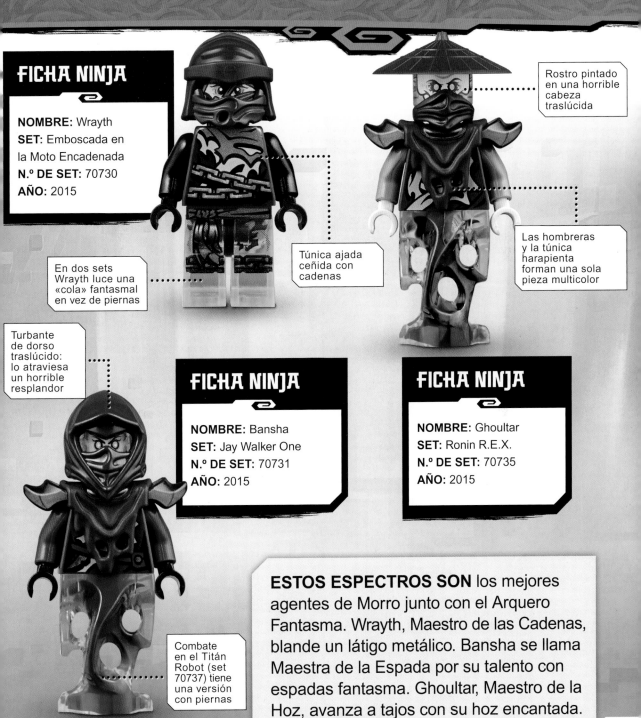

FICHA NINJA

NOMBRE: Wrayth
SET: Emboscada en la Moto Encadenada
N.º DE SET: 70730
AÑO: 2015

Rostro pintado en una horrible cabeza traslúcida

Las hombreras y la túnica harapienta forman una sola pieza multicolor

Túnica ajada ceñida con cadenas

En dos sets Wrayth luce una «cola» fantasmal en vez de piernas

Turbante de dorso traslúcido: lo atraviesa un horrible resplandor

FICHA NINJA

NOMBRE: Bansha
SET: Jay Walker One
N.º DE SET: 70731
AÑO: 2015

FICHA NINJA

NOMBRE: Ghoultar
SET: Ronin R.E.X.
N.º DE SET: 70735
AÑO: 2015

Combate en el Titán Robot (set 70737) tiene una versión con piernas

ESTOS ESPECTROS SON los mejores agentes de Morro junto con el Arquero Fantasma. Wrayth, Maestro de las Cadenas, blande un látigo metálico. Bansha se llama Maestra de la Espada por su talento con espadas fantasma. Ghoultar, Maestro de la Hoz, avanza a tajos con su hoz encantada.

89

MING

SIEMPRE MAQUINANDO

¿LO SABÍAS?

Ming se toma su trabajo muy en serio, ¡y no tiene paciencia con los fantasmas que creen que todo es diversión y sustos!

El dorso del turbante es en parte traslúcido para iluminar el rostro de forma espectral

Espada de Energía

Pierna transparente con fajín

FICHA NINJA

PASIÓN: El verde brillante
AVERSIÓN: La pistola bláster
AMIGO: Cyrus
ENEMIGA: Nya, la Ninja del Agua
APTITUD: Lanzar su espada
EQUIPO: Espada de Energía

SET: Ciudad de Stiix
N.º DE SET: 70732
AÑO: 2015

PERGAMINO Y PAPIROTAZOS

Cuando los ninja van a Stiix en busca de Ronin y el Pergamino de Airjitzu, Morro envía a su ejército para que le tienda una emboscada en la tenebrosa ciudad. ¡El extraordinario guerrero Ming lidera la carga!

EL ASTUTO Ming es un experto en técnicas de combate. Los otros fantasmas acuden a él para que les cuente trucos de lucha para escapar del Reino Maldito. Ming se entrena a fondo, siempre pensando en superarse. Tal vez parezca un Ninja Fantasma más, pero se siente diferente.

NINJA FANTASMA

EJÉRCITO FANTASMA

Solo él blande un sable con empuñadura de araña

FICHA NINJA

NOMBRE: Spyder
SET: El Vuelo Final del Barco de Asalto Ninja
N.º DE SET: 70738
AÑO: 2015

¿LO SABÍAS?

Morro invoca a sus Ninja Fantasma del Reino Maldito con la antigua y poderosa Armadura Aliada de Azure.

La misma túnica andrajosa que Ming y Wail

Tétricas catanas verdes nuevas de 2015

FICHA NINJA

NOMBRE: Wail
SET: Jay Walker One
N.º DE SET: 70731
AÑO: 2015

FICHA NINJA

NOMBRE: Cowler
SET: El Ataque del Dragón de Morro
N.º DE SET: 70736
AÑO: 2015

Piernas verdes traslúcidas de todos los Ninja Fantasma

A diferencia de muchos Ninja Fantasma, su cabeza es opaca

MORRO TIENE A VARIOS FANTASMAS

a su mando, muchos indistinguibles entre sí. ¡Cowler podría tomarse por Cyrus, y Spyder se parece mucho a Ming, Atilla, Hackler y Yokai! Por suerte, para evitar confusiones, no todos estos horripilantes dobles se han materializado aquí.

La kama parece una hoz

KAI AIRJITZU
TORBELLINO VOLADOR DE FUEGO

Nuevo uniforme ninja con motivos de llamas y el símbolo elemental de Kai en el pecho

DEL SPINJITZU AL AIRJITZU

El Airjitzu es una extensión del arte marcial del Spinjitzu. Cuando Kai saca el máximo partido a su energía elemental, puede crear un torbellino de fuego volador.

La Espada de Fuego Indomable tiene dos cuchillas (dentada y de púa) y una hoja de fuego

AL APRENDER EL ARTE ANCESTRAL

del Airjitzu, Kai ha ascendido un peldaño en su potencial ninja, lo que se refleja en su nueva túnica. Cuando se concentra en el poder de su energía de fuego, Kai genera un vórtice alrededor de sí mismo que lo hace levitar. Tal vez ahora esté a la altura de los fantasmas.

NINJA AIRJITZU
GUERREROS VOLADORES

Pieza de cabeza azul única, con motivos de rayos en los ojos

Electroantorcha

Doble cuchilla con dos hojas curvas tipo hoz

FICHA NINJA

NOMBRE: Jay Airjitzu
SET: Jay Airjitzu Flyer
N.º DE SET: 70740
AÑO: 2015

El estampado de roca sigue en las piernas

FICHA NINJA

NOMBRE: Zane Airjitzu
SET: Zane Airjitzu Flyer
N.º DE SET: 70742
AÑO: 2015

FICHA NINJA

NOMBRE: Cole Airjitzu
SET: Cole Airjitzu Flyer
N.º DE SET: 70741
AÑO: 2015

Espada de Hielo con hoz dentada añadida

Túnica ninja con motivos de hielo

EL RAPIDÍSIMO JAY domina el Airjitzu tras superar su distracción. Zane aplica la lógica nindroide a su labor y pronto tiene sus circuitos a tope. Cole afronta la más dura de las pruebas (volverse fantasma por un tiempo), pero su energía elemental no lo abandona.

WU DEL TEMPLO

EXPERTO EN TÉ

FICHA NINJA

PASIÓN: Servir el té
AVERSIÓN: El café
AMIGA: Misako
ENEMIGA: La Preeminente
APTITUD: Aconsejar
EQUIPO: Tetera (inofensiva solo en apariencia)

SET: El Templo de Airjitzu
N.º DE SET: 70751
AÑO: 2015

¿LO SABÍAS?

El salón de té del Maestro Wu, con un estanque y plantación de té, se llama Sabia Sabiduría. Está en un valle de la isla de Ninjago.

Sobre la túnica lleva un largo chaleco dorado con estampados florales en la espalda

VUELTA AL RUEDO

En el Dragón del Maestro Wu (set 70734), otra versión de Wu blande un bastón Rocadura en una mano y una llameante tetera en la otra. ¡Y un nuevo perro le lleva la ballesta!

El cuidado diseño se prolonga en las piernas

TRAS AÑOS de enseñanza, Wu está encantado de colgar su atuendo de combate. Su elegante chaleco y su nueva túnica son la vestimenta ideal para relajarse en el salón de té que regenta junto a Misako. Wu parece disfrutar de la jubilación, pero ¿podrá gozar de esa vida sencilla durante mucho tiempo?

MISAKO

ARQUEÓLOGA ARTÍSTICA

Peluca gris con una larga cola de caballo trenzada

Arrugas alrededor de los ojos tras una vida de estudiar piezas antiguas con una sonrisa

Práctico traje de safari con pañuelo verde y grandes bolsillos

¿LO SABÍAS?

Misako se casó con Garmadon después de que este fingiera haber escrito una carta de amor que en realidad escribió Wu.

FICHA NINJA

PASIÓN: Pintar
AVERSIÓN: Interrupciones (un artista necesita calma)
AMIGO: Wu
ENEMIGOS: Fantasmas, espíritus
APTITUD: Guiar a los ninja contra los fantasmas
EQUIPO: Pincel

SET: El Templo de Airjitzu
N.º DE SET: 70751
AÑO: 2015

TALENTO OCULTO

Misako es una pintora aplicada. Cuando no está investigando sobre historia, ayudando a Wu a entrenar a los ninja o trabajando en el salón de té, se relaja con un pincel y un lienzo. El gran set de El Templo de Airjitzu contiene su estudio de artista.

LA ARTÍSTICA MISAKO trabaja como arqueóloga e investigadora en el Museo de Historia de Ninjago. Cuando los ninja van a la ciudad de Ninjago para combatir al nuevo Ejército de Piedra, la conocen y descubren que es la madre de Lloyd y la esposa perdida de Lord Garmadon.

CARTERO DE NINJAGO
ENTREGA EXPRÉS

¿LO SABÍAS?
El cartero es un personaje recurrente en la serie de TV NINJAGO®, pero aparece por primera vez como minifigura en el set del Templo de Airjitzu.

Chaqueta con la corneta de correos

Sobre con firma elaborada

UNA GRATA PAUSA
En el Templo de Airjitzu, el cartero es uno de los muchos invitados que disfrutan de los espectáculos de sombras chinas. Se sienta junto a los ninja, Claire y Jesper.

ENTREGADO EN CUERPO Y ALMA a su trabajo, el cartero hace lo imposible por entregar el correo a los ninja. No hay montaña alta, terreno peligroso ni escondrijo secreto para este incombustible héroe postal. Ningún envío está demasiado lejos, sea por aire o por mar. ¡No se puede decir que no pegue sello!

DARETH
MAESTRO DEL ENCANTO

El brillante pelo arreglado es la joya de su corona

¿LO SABÍAS?
Una vez Dareth hizo una gira por la isla de Ninjago como cantante con un espectáculo llamado «Zapatos de gamuza marrón».

FICHA NINJA

PASIÓN: Fanfarronear
AVERSIÓN: Que se le alborote el pelo
AMIGO: Jesper
ENEMIGOS: Los fantasmas
APTITUD: Encantar a los demás
EQUIPO: Pelo inmaculado

SET: Templo de Airjitzu
N.º DE SET: 70751
AÑO: 2015

Su sonrisa desarma

Nuevo traje ninja con medallón de estrella, emblema estelar al dorso e historiado borde dorado

MEDALLISTA
La primera minifigura de «Ninja Marrón» aparece en el pequeño set de 2014 Dareth vs. Nindroid (5002144). ¡En él Dareth lleva un gran trofeo que se ha concedido a sí mismo por sus proezas imaginarias en artes marciales!

DARETH SE AUTOPROCLAMA maestro de artes marciales. Conoce a los ninja cuando se entrenan en su dojo, y estos se dan cuenta enseguida de que no tiene talento para el combate. Pese a ser un fanfarrón, es un amigo leal. Lo que le falta en dotes ninja, lo suple con creatividad y encanto.

JESPER
ENCARGADO DEL TEMPLO

Sombrero de vaquero y pañuelo al cuello

¡Pesca del día!

Camisa estilo safari con chapa de cara sonriente en el bolsillo

Delantal cubierto de manchas

FICHA NINJA

PASIÓN: Un jardín cuidado
AVERSIÓN: Estanques sucios
AMIGO: El divertido Dareth
ENEMIGOS: Fantasmas
APTITUD: Pescar
EQUIPO: Caña de pescar y algún pez de vez en cuando

SET: Templo de Airjitzu
N.º DE SET: 70751
AÑO: 2015

EL AMIGO DEL PESCADOR

Jesper y Dareth son buenos amigos, pero muy competitivos, ¡y nunca se ponen de acuerdo en quién ha pescado el pez más grande!

JESPER DEDICA sus jornadas a mantener impecable el Templo de Airjitzu. En su tiempo libre, le gusta buscar los mejores lugares para pescar en la isla de Ninjago e intentar atrapar los peces gordos. Su minifigura lleva el atuendo adecuado para estar en plena naturaleza.

CLAIRE

AYUDANTE AVENTURERA

Claire siempre se fija en las partes del templo que necesitan arreglos

¡Este collar estilo amuleto da buena suerte y ahuyenta a los fantasmas!

FICHA NINJA

PASIÓN: Espectáculos de sombras chinas en el templo
AVERSIÓN: Telarañas
AMIGOS: Los ninja, Jesper
ENEMIGOS: Intrusos
APTITUD: Ser valiente
EQUIPO: Planeador

SET: Templo de Airjitzu
N.º DE SET: 70751
AÑO: 2015

¿LO SABÍAS?

Claire no ha aparecido nunca en la serie de TV NINJAGO. Su minifigura se creó específicamente para el set del Templo de Airjitzu.

CLAIRE POR LOS AIRES

Durante sus pesquisas en el Templo de Airjitzu, Claire ha encontrado un antiguo planeador. Con valentía, ¡y para sorpresa de su padre!, da una vuelta en él sobre el recinto templario.

CLAIRE ESTÁ DESEANDO relevar a su padre, Jesper, como encargada del Templo de Airjitzu. Le fascina la idea de que pueda estar encantado, y pasa en él todo el tiempo que puede. ¡Si no fuera por su trabajo como manitas, el recinto entero ya se habría caído a pedazos!

CAPÍTULO SIETE
NINJA VS. PIRATAS DEL CIELO

EL PIRATA DEL CIELO NADAKHAN, concesor de deseos, llega a Ninjago y los sueños se hacen realidad. Pero, cuando este astuto capitán y sus bucaneros pretenden destruir a los ninja y a su ciudad, ¡todo es más bien una pesadilla!

NADAKHAN

CAPITÁN DE LOS PIRATAS DEL CIELO

FICHA NINJA

PASIÓN: Destrozar la isla de Ninjago
AVERSIÓN: Fallar a su padre
AMIGOS: Piratas del Cielo
ENEMIGOS: Los ninja
APTITUD: Conceder deseos
EQUIPO: Espada Djinn

SET: Fortaleza de la mala fortuna
N.º DE SET: 70605
AÑO: 2016

Pelo de estilo genio

Emblema de los Piratas del Cielo

Torso extra para tener un par de brazos más

Cinturón y armadura con tachuelas

Garfio habitual de pirata LEGO®

Cola de genio traslúcida naranja

PODER TRANSFORMADOR

El Mono Malvado era un fabuloso mecánico de barcos humano antes de que Nadakhan lo embaucara. Deseaba tener más manos y ser más rápido, y el genio lo convirtió en un mono mecánico. Ahora se encarga de las reparaciones del barco *Fortaleza de la Mala Fortuna*.

NADAKHAN, PRÍNCIPE DE DJINJAGO, es un djinn, un ser mágico que concede deseos. Culpa a los ninja de haber destruido su tierra y ahora, con su variopinta tripulación de piratas a la zaga, tiene sed de venganza.

CLANCEE

SERPIENTE PIRATA DEL CIELO

Cabeza de serpiente con colmillos

Hombreras acolchadas verdes

FICHA NINJA

PASIÓN: Limpiar la cubierta
AVERSIÓN: Alturas, el mar
AMIGOS: Sigue buscando
ENEMIGOS: Todos los del Capitán Nadakhan
APTITUD: Esquivar trampas
EQUIPO: Fregona

SET: Zepelín de asalto
N.º DE SET: 70603
AÑO: 2016

¿LO SABÍAS?

El pobre Clancee siempre se marea, ya viaje por aire o por mar. ¡Poco práctico para un pirata que surca mares y cielos en un barco volador!

Correa, armadura oxidada y camisa andrajosa con el emblema de los Piratas del Cielo

SABIDURÍA DE SERPIENTE

Tal vez Clancee no sea el miembro más brillante de la tripulación, pero sabe que Nadakhan no es de fiar. Al no pedir un deseo, es posible que Clancee, sin sospecharlo, ¡haya salvado su resbaladizo pellejo!

Sencilla pata de palo marrón

ES UN MISTERIO cómo esta Serpiente con pata de palo terminó en el barco *Fortaleza de la Mala Fortuna,* pero Clancee está feliz con la vida de pirata, aunque siempre le toquen las peores tareas. Con frecuencia lo verás fregar las cubiertas o limpiar lo que ensucian sus compañeros de embarcación.

FLINTLOCKE

SEGUNDO PIRATA DE A BORDO

Gafas de piloto sobre casco verde de aviador

Pieza extraíble de bigote poblado

¿LO SABÍAS?

El estiloso jet Tiburón Aéreo de Flintlocke es la avanzadilla de la *Fortaleza de la Mala Fortuna,* buque insignia de los Piratas del Cielo.

Piernas diferentes acorazadas, con correas y hebillas

FICHA NINJA

PASIÓN: Su Tiburón Aéreo
AVERSIÓN: Los secretos
AMIGO: Nadakhan
ENEMIGO: Lloyd
APTITUD: Animar a su tripulación a combatir
EQUIPO: Pistolas

SET: Tiburón aéreo
N.º DE SET: 70601
AÑO: 2016

Flintlocke empuña dos pistolas de pirata a la vez

PEZ VOLADOR

Con Flintlocke al mando, el jet de combate Tiburón Aéreo surca los cielos en busca de naves enemigas. Con sus alas como anclas, cruza las nubes antes de que llegue la *Fortaleza de la mala Fortuna.*

FLINTLOCKE es la mano derecha de Nadakhan. Es leal a su capitán djinn y lo seguirá al fin del mundo, siempre y cuando sepa qué rumbo llevan. Pero si espera que su líder le guarde lealtad, ¡está a bordo del barcò equivocado!

Lanzador de dinamita oculto

DOGSHANK
COLOSAL PIRATA DEL CIELO

Casco astado con mentonera, hombrera con pincho y emblema de calavera

FICHA NINJA

PASIÓN: Combates justos
AVERSIÓN: Las bromas de Flintlocke
AMIGO: Mono Malvado
ENEMIGA: Nya
APTITUD: Ondear su ancla unida a una cadena
EQUIPO: Ancla del barco

SET: Isla de la viuda del tigre
N.º DE SET: 70604
AÑO: 2016

Dogshank es la primera *bigfig* (gran figura) de los sets NINJAGO®

ISLA DE LA VIUDA DEL TIGRE
¿Bastarán las sigilosas dotes de combate ninja de Nya para luchar contra el tamaño y la fuerza bruta de Dogshank? En su encuentro, la pirata usa ancla y cadena, su arma favorita, contra la Maestra del Agua.

INCREÍBLE: Dogshank, el miembro más colosal de los Piratas del Cielo, ¡fue una ciudadana de Ninjago de estatura normal! Pero deseó descollar entre el gentío y Nadakhan la convirtió en una llamativa montaña de músculos de rostro azul. ¡No es lo que esperaba!

LA TRIPULACIÓN AL COMPLETO

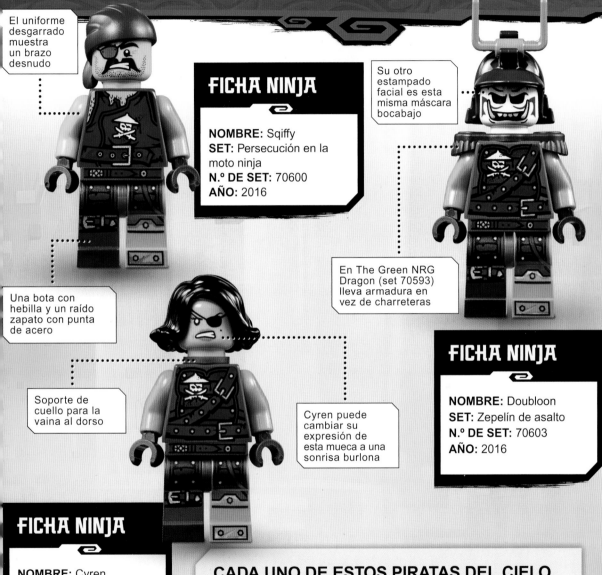

El uniforme desgarrado muestra un brazo desnudo

Su otro estampado facial es esta misma máscara bocabajo

FICHA NINJA

NOMBRE: Sqiffy
SET: Persecución en la moto ninja
N.º DE SET: 70600
AÑO: 2016

Una bota con hebilla y un raído zapato con punta de acero

Soporte de cuello para la vaina al dorso

En The Green NRG Dragon (set 70593) lleva armadura en vez de charreteras

Cyren puede cambiar su expresión de esta mueca a una sonrisa burlona

FICHA NINJA

NOMBRE: Doubloon
SET: Zepelín de asalto
N.º DE SET: 70603
AÑO: 2016

FICHA NINJA

NOMBRE: Cyren
SET: Dragón elemental de Jay
N.º DE SET: 70602
AÑO: 2016

CADA UNO DE ESTOS PIRATAS DEL CIELO fue a parar a la tripulación de Nadakhan por distintos motivos. A Doubloon lo pillaron tratando de robar el oro del capitán y lo castigaron con una máscara permanente. Cyren hizo un mal trato con el djinn y acabó de cantante del barco. Y Sqiffy... ¡pidió permiso para subir a bordo!

JAY DEL DESTINO

MELANCÓLICO

FICHA NINJA

PASIÓN: Ayudar a sus amigos ninja
AVERSIÓN: ¡Pedir deseos!
AMIGO: Zane
ENEMIGO: Nadakhan
APTITUD: Salvar a sus amigos
EQUIPO: Catanas doradas

SET: Dragón elemental de Jay
N.º DE SET: 70602
AÑO: 2016

Los ojos observan bajo el turbante

¿LO SABÍAS?

Cuando Jay desea otro comienzo en la vida, descubre que su auténtico padre es la estrella de televisión Cliff Gordon.

Cinturón de tela con remates dorados

¡RAYOS Y CENTELLAS!

Cuando el malvado Nadakhan y su temible banda de Piratas del Cielo capturan a Jay, el astuto ninja se disfraza de corsario. ¡Luego intenta escapar antes de que lo obliguen a caminar por el tablón!

El parche en un ojo completa el disfraz de Jay

AL INGENIOSO JAY le encanta solucionar problemas, pero cuando se trata de amor, no hay invento capaz de reparar su corazón. Nya le dice que solo quiere ser su amiga, y el ninja, destrozado, casi cede a los oscuros deseos de Nadakhan. ¡Pero pronto descubre que el amor no se gana con un deseo!

NYA DEL DESTINO

NINJA INDEPENDIENTE

¿LO SABÍAS?

Nadakhan planea engañar a Nya para que se case con él. Si lo logra, obtendrá un poder absoluto con deseos ilimitados.

Los motivos rojos de su traje ninja evocan sus días como Samurái X

El emblema azul indica su poder acuático

FICHA NINJA

PASIÓN: Formar parte de un equipo
AVERSIÓN: Que no la tomen en serio
AMIGO: Maestro Wu
ENEMIGA: Dogshank
APTITUD: Luchar contra los Piratas del Cielo
EQUIPO: Catanas doradas

SET: Persecución en la moto ninja
N.º DE SET: 70600
AÑO: 2016

MISIÓN POSIBLE

Nya trabaja con Wu para intentar hacerse con la Espada Djinn. Si la consiguen, los héroes podrían salvar a los espíritus atrapados en ella... y Nadakhan perderá parte de su poder!

TRAS MESES de duro entrenamiento con Wu, Nya es una Maestra del Agua hecha y derecha, y forma parte del equipo. Pero está harta de que los otros ninja sean el centro de atención y quiere que reconozcan su habilidad como merece. ¡Ya es hora de luchar por su cuenta!

COLE FANTASMA
FANTASMA VIVIENTE

Rostro de un verde espectral

¿LO SABÍAS?
Al convertirse en fantasma, Cole tuvo que aprender a crear contacto físico con los objetos y a moverse atravesando muros.

EL DRAGÓN FANTASMA
Cole es un ninja excepcional hasta como fantasma. Con la ayuda del Maestro Wu, vuelve a aprender a dominar su poder elemental de la tierra y puede invocar a su nuevo Dragón Fantasma en combate.

Mangas a juego con el turbante y el cinturón

TRAS UNA SERIE de desdichas en el Templo de Airjitzu, ¡Cole se ha convertido en fantasma! Con la ayuda de su equipo, está aprendiendo a aceptar su nueva forma espectral. No ha sido fácil, pero ha recurrido a su auténtico «espíritu» ninja y ya está listo para afrontar la última amenaza que acecha Ninjago.

NINJA DEL DESTINO
VESTIDOS PARA TRIUNFAR

En cada traje hay un ser elemental en un remolino Airjitzu

La hombrera individual se lanzó en el año 2016

FICHA NINJA

NOMBRE: Zane del Destino
SET: Zepelín de asalto
N.º DE SET: 70603
AÑO: 2016

Los bonitos lazos sujetan la ropa

Los nuevos trajes son negros con detalles del color elemental

FICHA NINJA

NOMBRE: Kai del Destino
SET: Persecución en la moto ninja
N.º DE SET: 70600
AÑO: 2016

FICHA NINJA

NOMBRE: Lloyd del Destino
SET: Sky Pirate Jet
N.º DE SET: 70601
AÑO: 2016

Bastón dorado hecho con piezas de motosierra, telescopio y shuriken

TRAS SALVAR NINJAGO varias veces, los ninja son famosos. Con los fans pendientes de todo lo que hacen, estos héroes se dan el capricho de unos trajes nuevos, pero aún anteponen la función a la moda. Puede que sean modernos, ¡pero están a punto de probar su acero con los Piratas del Cielo!

El torso también está decorado con el símbolo alado al dorso

ZANE ECO
RÉPLICA OXIDADA

FICHA NINJA

PASIÓN: Descubrir que tiene un «hermano»
AVERSIÓN: Juntas oxidadas
AMIGO: Tai-D
ENEMIGOS: Clancee, Doubloon
APTITUD: Tender trampas
EQUIPO: Bastón

SET: Asedio al faro
N.º DE SET: 70594
AÑO: 2016

El rostro se parece al de Zane, pero en colores cobre y latón

¿LO SABÍAS?
El Dr. Julien hizo a Zane Eco como recuerdo de su más gloriosa creación, su «hijo» nindroide Zane.

¡La válvula de presión indica que Zane Eco funciona en parte con vapor!

Manchas de óxido en piernas antes lustrosas

GUERRERO MECÁNICO
Cuando los Piratas del Cielo atacan la prisión del faro, Zane Eco ayuda a Jay y a Nya a defenderlo. Y aunque carece del talento ninja del auténtico Zane, resulta ser igual de valiente y leal.

JAY Y NYA CONOCEN a esta copia mecánica de Zane en una cárcel abandonada situada en un faro. Descubren que el inventor Dr. Julien construyó a Zane Eco para que le hiciera compañía cuando estuvo preso en ella. ¡Y ahora el robot oxidado vive allí solo! Su maltrecha carcasa deja entrever sus engranajes.

TAI-D
MÁQUINA MÓVIL DE TÉ

Las gafas de aumento se bajan para detectar la más mínima mota de polvo

¿LO SABÍAS?

Tai-D y la prisión del faro debutaron en la segunda temporada de la serie de LEGO NINJAGO *Maestros del Spinjitzu.*

Las piezas que componen el cuerpo no son estándar

ARREGLAR A UN AMIGO
Entre los deberes de Tai-D se cuenta mantener a Zane Eco en funcionamiento. En el taller del sótano de la cárcel del faro hay una mesa de operaciones donde Tai-D pone a punto a su amigo.

¡Por la rejilla frontal suelta vapor mientras prepara el té!

FICHA NINJA

PASIÓN: Fardar de sus habilidades
AVERSIÓN: Todo el que entorpezca su deber
AMIGO: Zane Eco
ENEMIGOS: Polvo, suciedad y derrames
APTITUD: Ajedrez
EQUIPO: Bandeja del té

SET: Asedio al faro
N.º DE SET: 70594
AÑO: 2016

AL IGUAL QUE SU AMIGO, Zane Eco, Tai-D es un robot que el Dr. Julien creó cuando estuvo preso en la prisión del faro. Pese a que su diseño parece simple, entre sus talentos se cuenta hacer té, limpiar e incluso jugar al ajedrez contra Zane Eco. ¡Y el listo de Tai-D suele ganar!

ZANE PRISIONERO
ARRESTADO POR ERROR

FICHA NINJA

PASIÓN: Planear su fuga
AVERSIÓN: Que lo encierren con viejos enemigos
AMIGO: Capitán Soto
ENEMIGO: Guerrero de Piedra gigante
APTITUD: Guerra de comida
EQUIPO: Shurikens, pan

SET: Huida de la prisión Kryptarium
N.º DE SET: 70591
AÑO: 2016

El número de preso empieza por «706», como en muchos sets LEGO NINJAGO de 2016

El tiempo en la celda no ha borrado su sonrisa confiada

POR EL VÁTER
Los ninja (y su compañero preso, el capitán Soto) se fugan de la cárcel por la alcantarilla. ¡Por eso el váter del set Huida de la prisión Kryptarium sale directo de la pared!

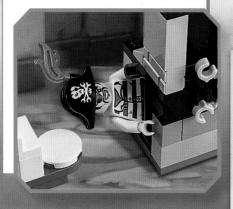

¿LO SABÍAS?
Los criminales de Ninjago Lord Garmadon, Aspheera, Pythor y Ronin han estado todos en la prisión Kryptarium.

ZANE ES APRESADO cuando se culpa a los ninja por crímenes que no han cometido y los mandan a la prisión Kryptarium. El cambio de sus túnicas ninja a los uniformes a rayas no es nada grato, pero al menos hacen juego con los colores de Zane. Es la única minifigura ninja con su uniforme de preso.

POBLACIÓN DE KRYPTARIUM

ROSTROS A AMBOS LADOS DE LAS REJAS

FICHA NINJA

NOMBRE: Carcelero
SET: Huida de la prisión Kryptarium
N.º DE SET: 70591
AÑO: 2016

Las gafas de sol ocultan un gesto severo

Símbolo pirata exclusivo con llaves inglesas y calavera

Los ojos del Guerrero de Piedra se ven tras la máscara

Uniforme de oficial propio de los sets de LEGO® City

Una mano de madera en vez del clásico garfio de pirata

FICHA NINJA

NOMBRE: Guerrero de Piedra gigante
SET: Huida de la prisión Kryptarium
N.º DE SET: 70591
AÑO: 2016

FICHA NINJA

NOMBRE: Capitán Soto
SET: Huida de la prisión Kryptarium
N.º DE SET: 70591
AÑO: 2016

¡Las lanzas están prohibidas!

LOS NINJA HAN ENCARCELADO a muchos malos durante sus aventuras. Algunos aún están en Kryptarium cuando encierran allí a nuestros héroes, desde capitanes piratas hasta miembros del Ejército de Piedra del Señor Supremo. Nadie quería ese reencuentro, ¡ni los guardas!

MAESTRO YANG

MAESTRO ESPELUZNANTE

Ojos hundidos que miran a los vivos con envidia

¡MAESTRO WUUUUU!

Como el Maestro Wu, Yang es un curtido maestro del dojo deseoso de compartir sus habilidades, acumuladas a lo largo de toda una vida. Pero es muy estricto. ¡Hasta atrapa a sus pupilos en su templo!

Larga barba negra sobre el uniforme

Espectral voluta verde en vez de las piernas que tenía de mortal

¿LO SABÍAS?

Los ninja viajaron al templo de Yang en busca de sus enseñanzas escritas: el legendario Pergamino de Airjitzu.

EL INVENTOR DEL AIRJITZU intentó vivir

para siempre, pero se convirtió en fantasma por accidente. Ahora, el que fuera un gran maestro ronda por su templo y transforma a los demás en espectros como él. ¡Ojalá los ninja pudieran hacerle ver que es un error!

PUPILO DE YANG

¿ES CHRIS O MARTIN?

FICHA NINJA

PASIÓN: Entrenar
AVERSIÓN: Que lo encadenen
AMIGOS: Otros pupilos
ENEMIGA: Dogshank
APTITUD: Airjitzu
EQUIPO: Bastón, espada mariposa

SET: Área de entrenamiento de Airjitzu
N.º DE SET: 70590
AÑO: 2016

Asoman zarcillos por la vieja túnica

Color verde espeluznante propio de los pupilos de Yang

El Área de entrenamiento de Airjitzu es el único set LEGO NINJAGO con este turbante gris

PRÁCTICA ETERNA
Como fantasmas, Chris y Martin no tienen nada mejor que hacer que practicar en el Área de entrenamiento de Airjitzu. Así están listos para luchar si aparece un ninja de verdad.

¿LO SABÍAS?
Los pupilos de Yang vuelven a ser mortales cuando atraviesan la mística Grieta del Retorno con Cole.

EL MAESTRO YANG TRANSFORMÓ a todos sus pupilos de Airjitzu en fantasmas. Desde aquel día aciago, ha pasado tanto tiempo que Yang ya no distingue entre Chris y Martin, ¡dos aprendices iguales convertidos en idénticos espectros de color gris verdoso!

CAPÍTULO OCHO

NINJA VS. VERMILLIÓNES

¡ESTE CAPÍTULO TE LLEVARÁ SU TIEMPO!

CUANDO LOS GEMELOS TEMPORALES
Krux y Acronix intentan cambiar la historia de Ninjago, los problemas se duplican para los ninja. Estos villanos cuentan con cuatro armas para viajar en el tiempo ¡y con todo un ejército de sigilosas Serpientes reptantes llamadas Vermilliónes!

GENERAL MACHIA
CABEZA DE COLAS

El aterrador pelo tiene cinco cabezas de serpiente por delante y tres por detrás

¿REPTAR O ANDAR?

En su única aparición en un set, Machia puede escoger entre un par de piernas de minifigura estándar o una parte inferior hecha con ladrillos LEGO. Esta última le da más bien un aire de serpiente gigante, con la cabeza y los hombros más altos que muchas minifiguras.

FICHA NINJA

PASIÓN: Convertir sus piernas en una gran cola
AVERSIÓN: Despeinarse
AMIGOS: Gemelos
ENEMIGOS: Nya, Cyrus Borg
APTITUD: Control mental
EQUIPO: Hacha Vermillion

SET: Samurái VXL
N.º DE SET: 70625
AÑO: 2017

El torso muestra una de las muchas serpientes que forman su cuerpo

¿LO SABÍAS?

El molde de pelo de Machia se usó por primera vez en las minifiguras de LEGO® de 2013. La minifigura de Medusa lo tenía verde.

LA COMANDANTE SUPREMA del ejército de los Vermilliones se ha instruido en combate y estrategia desde el día en que salió del huevo. Su forma humanoide, como la de todos los guerreros Vermilliones bajo su mando, está hecha de cientos de serpientes, ¡cosa que deja entrever su pelo de retorcidas culebras!

ACRÓNIX

GEMELO TEMPORAL FAN DE LA TECNOLOGÍA

La máscara oculta una mueca burlona y un auricular inalámbrico

¿LO SABÍAS?

Acronix y Krux también se conocen como los «Maestros Elementales del Tiempo», «Gemelos del Tiempo» y las «Manos del Tiempo».

FICHA NINJA

PASIÓN: Descubrir tecnología moderna
AVERSIÓN: Perder su poder elemental
AMIGO: Krux
ENEMIGO: Maestro Wu
APTITUD: Acelerar y ralentizar el tiempo
EQUIPO: Cuchillas del Tiempo

SET: Infierno de hierro
N.º DE SET: 70626
AÑO: 2017

CUCHILLAS DEL TIEMPO

Cuando Wu derrotó a los gemelos temporales, transfirió sus poderes a cuatro cuchillas elementales, que luego dispersó en el tiempo. Pero al cabo de 40 años, las Cuchillas del Tiempo volvieron al presente, ¡y Acronix y Krux se dispusieron a rescribir la historia de Ninjago!

Acronix siempre lleva la capa en el hombro izquierdo, y Krux la lleva en el derecho

Reproductor de MP3 para que Acronix se ponga al día de 40 años de música

Esta frena el tiempo

Esta adelanta el tiempo

Esta retrocede en el tiempo

Esta ralentiza el tiempo

HACE CUARENTA AÑOS, Acronix y su hermano Krux trataron de conquistar Ninjago con sus poderes como Maestros Elementales del Tiempo. Cuando Wu les arrebató esos poderes y los arrojó a un vórtice temporal, los hermanos fueron tras ellos, ¡y Acronix fue transportado cuarenta años al futuro!

KRUX

GEMELO TEMPORAL CHAPADO A LA ANTIGUA

FICHA NINJA

PASIÓN: Intrigar
AVERSIÓN: El mundo moderno
AMIGO: Acronix
ENEMIGO: Maestro Wu
APTITUD: Parar y retrasar el tiempo
EQUIPO: Cuchillas del Tiempo

SET: Infierno de hierro
N.º DE SET: 70626
AÑO: 2017

Con la Espada temporal roja Krux congela al enemigo en el tiempo

¿LO SABÍAS?
Al girar la cabeza de esta minifigura se revela el rostro con gafas de su amable álter ego, el Dr. Sander Saunders.

Las manecillas y el reloj de arena en la armadura evocan su obsesión con el tiempo

A LARGO PLAZO
Krux no perdió el tiempo mientras esperaba a Acronix. Fingió ser el simpático Dr. Sander Saunders y se convirtió en conservador del Museo de Historia de Ninjago, ¡pero entretanto creó en secreto al Ejército Vermillion, diseñó y construyó un robot para viajar en el tiempo, y secuestró a los padres de Kai y Nya!

¡Con la Cuchilla del Tiempo naranja Krux envía al enemigo al pasado!

CUANDO LOS GEMELOS DEL TIEMPO se arrojaron a un vórtice temporal, Krux fue lanzado unos segundos al futuro y tuvo que esperar cuarenta años a que llegara Acronix. Ahora es varias décadas mayor que su gemelo, para quien el tiempo en el vórtice no fue más que un parpadeo.

COMANDANTE BLUNCK

MANO IZQUIERDA DE MACHIA

Hombreras y casco con cabezas de serpiente

Hacha rematada con unas fauces acolmilladas de serpiente

BAJO UNA CORAZA

El dorso del casco de Blunck oculta una segunda expresión facial, para que pueda posar con su larga lengua fuera o dentro. ¡Bajo su historiada armadura, su rostro de dos caras es un retorcido amasijo de serpientes!

BLUNCK ES UNO de los tres comandantes de los Vermilliones. Su casco le permite controlar a sus tropas con la mente, ¡pero a veces su mente está más pendiente de lo que hay para comer! Es uno de los guerreros más fieros de los Vermilliones, ya luche con el enemigo o discuta con sus aliados!

CÒMANDANTE RAGGMUNK
MANO DERECHA DE MACHIA

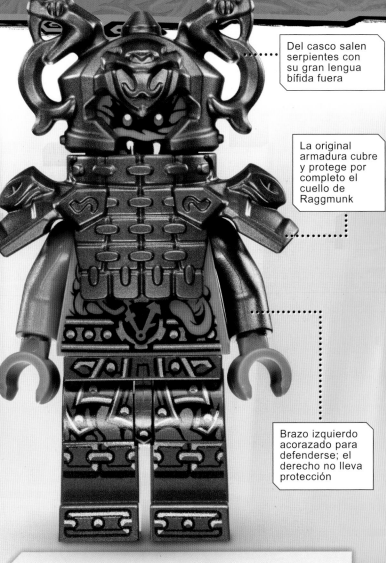

Del casco salen serpientes con su gran lengua bífida fuera

La original armadura cubre y protege por completo el cuello de Raggmunk

Brazo izquierdo acorazado para defenderse; el derecho no lleva protección

FICHA NINJA

PASIÓN: Complacer a Krux y a Acronix
AVERSIÓN: Que una corriente le dé tortícolis
AMIGO: Blunck
ENEMIGOS: Zane y los ninja
APTITUD: Control mental
EQUIPO: Hacha Vermillion, Espada Vermillion

SET: Invasión de los Vermilliones
N.º DE SET: 70624
AÑO: 2017

CON TRACCIÓN

Raggmunk comparte con Slackjaw su tanque Invasor Vermillion, que tiene una cabina para cada uno, tractor oruga que lleva a todas partes... ¡y un par de catapultas para disparar huevos gigantes de Vermilliones a sus enemigos!

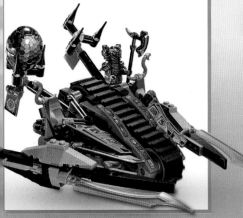

RAGGMUNK COMPARTE nombre con un sabroso tipo de crep, ¡aunque él no es para nada dulce ni salado! Pese a su alto rango en el Ejército Vermillion, no es más que un pedazo de bruto. Al igual que el comandante Blunck, teme a su superiora, Machia, y ansía demostrarle su valía.

RIVETT
FUERTE Y RÁPIDA

El mismo casco aterrador de Raggmunk y Tannin

Espada Vermillion de hoja con filo liso por un lado y dentado, por el otro

SORPRESA SERPENTINA
En el set Ataque de los Vermilliones, Rivett y Slackjaw custodian un huevo de Vermillion gigante, bajo cuya cáscara plateada hay varias serpientes rojas que pueden explosionarse con una función explosiva oculta.

FICHA NINJA

PASIÓN: Custodiar las Cuchillas del Tiempo
AVERSIÓN: Custodiar huevos gigantes
AMIGA: Machia
ENEMIGOS: Kai, Nya, Samurái X
APTITUD: As de las armas
EQUIPO: Hacha Vermillion, Espada Vermillion

SET: Ataque de los Vermilliones
N.º DE SET: 70621
AÑO: 2017

¿LO SABÍAS?
El Gran Devorador, uno de los enemigos más antiguos de los ninja, puso los huevos de los Vermilliones hace mucho tiempo.

DALE A ESTA GUERRERA cualquier arma, y dominará su uso al instante. Rivett es rápida, inteligente y una acróbata, y puede con varios enemigos a la vez, ¡hasta con muchos ninja! Como es más lista que sus superiores, Blunck y Raggmunk, a menudo recibe órdenes directas de la General Machia para realizar misiones.

EJÉRCITO VERMILLIÓN

GUERREROS CON COLMILLOS

¡Su cuerpo está hecho de serpientes! Bajo el ojo, cola de una de cascabel

Un lado del doble rostro muestra los colmillos superiores

FICHA NINJA

NOMBRE: Slackjaw
SET: Ataque de los Vermilliones
N.º DE SET: 70621
AÑO: 2017

Hacha Vermillion de doble hoja

Estampado detallado propio de las minifiguras de los Vermilliones

Colmillos inferiores protegidos en este lado del rostro dual

FICHA NINJA

NOMBRE: Vermin
SET: Sombra del destino
N.º DE SET: 70623
AÑO: 2017

FICHA NINJA

NOMBRE: Tannin
SET: Rayo del desierto
N.º DE SET: 70622
AÑO: 2017

El emblema de las «Manillas del Tiempo» muestra su lealtad a Krux y Acronix

ESTOS SOLDADOS DE INFANTERÍA se parecen, pero no hay dos iguales. Slackjaw es un fanático de las normas y siempre anda en busca del ascenso. Tannin aguanta casi cualquier golpe, como si fuera de goma. Vermin está genéticamente modificado, por lo que tiene una vista y un oído soberbios.

KAI FUSIÓN
EL FUEGO CALIENTA EL AGUA

Ojos llameantes con el nuevo poder de la Fusión

FICHA NINJA

PASIÓN: Encontrar a sus padres
AVERSIÓN: El temor de que sus padres fueran traidores
AMIGA: Su hermana, Nya
ENEMIGOS: Raggmunk y Slackjaw
APTITUD: Fusionar su poder elemental con el de Nya
EQUIPO: Daga del dragón

SET: Forja del dragón
N.º DE SET: 70627
AÑO: 2017

TIEMPOS DE CAMBIO
En el set Ataque de los Vermilliones (set 70621), Kai lleva el mismo gi, pero con solo media máscara y sin hombreras. Tras la media máscara, su boca dibuja una mueca más que una sonrisa, y no tiene los alternativos ojos dorados.

Arnés de cintura con bolsillo de herramientas y hebilla con el símbolo del Fuego

KAI SE REENCUENTRA con sus padres tras muchos años y descubre el auténtico propósito de la daga de dragón de su padre. ¡Cuando la usan juntos los Maestros Elementales del Fuego y el Agua, fusiona sus poderes para invocar al bicéfalo Dragón de la Fusión! Juntos, Kai y Nya lo cabalgan hasta el Mar Hirviente.

¿LO SABÍAS?
Esta minifigura es la primera que muestra a Kai con ojos dorados en una cabeza amarilla estándar en lugar de una roja.

NYA FUSIÓN

EL AGUA ENFRÍA EL FUEGO

FICHA NINJA

PASIÓN: Encontrar a sus padres
AVERSIÓN: Ver discutir a su familia
AMIGO: Su hermano, Kai
ENEMIGOS: Buffmillones
APTITUD: Fusionar su poder con el de Kai
EQUIPO: Cuchilla para invertir el tiempo

SET: Forja del dragón
N.º DE SET: 70627
AÑO: 2017

¿LO SABÍAS?

Los padres de Nya fueron los primeros en montar el Dragón de Fusión. Lo usaron para ocultar la cuchilla de inversión en el Mar Hirviente.

Hebilla con el símbolo elemental del agua

DOS CABEZAS SON MEJOR QUE UNA

En el set Forja del Dragón, el Dragón de Fusión de Nya y Kai tiene dos cabezas con mandíbulas batientes y una ballesta en el lomo. Representa las habilidades combinadas de los poderes elementales del Fuego y el Agua de los hermanos.

Sandalias zōri sujetas entre los dedos

NYA, LA CABEZA MÁS FRÍA de esta fusión elemental, ayuda a Kai a digerir la noticia de que sus padres están vivos. Ella está encantada de verlos, pero Kai se muestra desconfiado al principio. Cuando ambos invocan al Dragón de la Fusión, lo usan para encontrar la cuchilla que invierte el tiempo.

LLOYD FUSIÓN
MAESTRO IMPROVISADO

¿LO SABÍAS?
¡Las serpientes Vermillion dan vida al robot Infierno de Hierro de los Gemelos del Tiempo al reptar en su interior!

Cabeza de dragón, símbolo elemental de Lloyd

SE HA QUITADO UN PESO DE LOS HOMBROS
En Sombra del destino (set 70623), Lloyd lleva el mismo uniforme pero sin hombreras. Así resulta más hidrodinámico cuando acelera su barco volador por las ciénagas en busca de los Vermilliones.

Nudo del cinturón en el centro, a diferencia de otros ninja, que se lo atan a un lado

CUANDO WU cae prisionero de los Gemelos del Tiempo, Lloyd pasa a ser el nuevo Maestro ninja en prácticas. Con Jay a su lado, se infiltra en el fuerte del pantano donde Krux y Acronix retienen a Wu. ¡Para su sorpresa, ve que los gemelos ponen en marcha el gran Infierno de Hierro, el robot que viaja en el tiempo!

NINJA FUSIÓN

¡EL TIEMPO NO ESTÁ DE SU PARTE!

FICHA NINJA

NOMBRE: Zane Fusión
SET: Invasión de los Vermilliones
N.º DE SET: 70624
AÑO: 2017

La cicatriz facial verde le recuerda su época de fantasma

¿LO SABÍAS?
Cole pasó de fantasma otra vez a mortal tras enfrentarse al también espectral Maestro Yang en el Día de los Difuntos.

Una cuerda de escalar de buena longitud sirve de cinturón

FICHA NINJA

NOMBRE: Cole Fusión
SET: Sombra del destino
N.º DE SET: 70623
AÑO: 2017

La pantalla del radar se enchufa a la fuente de energía interna de Zane

FICHA NINJA

NOMBRE: Jay Fusión
SET: Infierno de hierro
N.º DE SET: 70626
AÑO: 2017

Traje de un azul más oscuro que el de casi todas las minifiguras de Jay

Ropa y armadura estampadas más angulares que las de otros ninja

LOS NINJA SON MÁS SIGILOSOS que nunca cuando atacan a los Gemelos del Tiempo y su Ejército Vermillion. Zane, Cole y Jay, con tonos más discretos de sus colores habituales, están listos para acatar las órdenes del Maestro Lloyd. Entretanto, Nya y Kai averiguan la verdad sobre sus padres.

Emblema del rayo en el centro del peto estampado

RAY

PADRE DESAPARECIDO

FICHA NINJA

PASIÓN: Hacer cosas
AVERSIÓN: Hacer cosas para los Vermilliones
AMIGOS: Maya, Nya, Kai
ENEMIGOS: Krux, Buffmilliones
APTITUD: Maestro herrero
EQUIPO: Martillo candente y yunque

SET: Forja del dragón
N.º DE SET: 70627
AÑO: 2017

Pelo de punta en forma de llama similar al de Kai

Bondadosa sonrisa pese a tantos años de penurias

Mandil de herrero con ribetes dorados hasta las rodillas

EMPANTANADOS

Ray y Maya se perdieron cuando Kai y Nya eran muy jóvenes. Krux los amenazó con hacer daño a sus hijos, por lo que estos antiguos Maestros Elementales no tuvieron más remedio que convertirse en sus prisioneros, confinados a una remota forja de herrero en los pantanos.

¿LO SABÍAS?

Ray estampó su sello en todas las armaduras de los Vermilliones para que sus hijos supieran que seguía vivo.

RAY ES UN HERRERO y el antiguo Maestro Elemental del Fuego. También es el padre de Kai y Nya. Hace cuarenta años, él y su mujer, Maya, forjaron las Espadas temporales que ayudaron a Wu a derrotar a Krux y Acronix. Hoy son cautivos de Krux, obligados a hacer armaduras para el Ejército Vermillion.

MAYA
MADRE DESAPARECIDA

Su largo cabello fluye como el agua (¡y oculta una segunda cara alarmada!)

Los guantes permiten a los herreros sujetar y trabajar metal candente

FICHA NINJA

PASIÓN: Sus hijos
AVERSIÓN: Los recelos de Kai
AMIGOS: Ray, Nya, Kai
ENEMIGOS: Krux, Buffmilliones
APTITUD: Herrera y conciliadora
EQUIPO: Martillo frío y yunque

SET: Forja del dragón
N.º DE SET: 70627
AÑO: 2017

SIERVOS DE SERPIENTES
Cuando Kai y Nya siguen el rastro de sus padres, Kai cree que estos ayudan por gusto a los Vermilliones. ¡Lo cierto es que están obligados a trabajar bajo los ocho atentos ojos de un monstruo Buffmillion de cuatro cabezas!

LA MADRE DE KAI Y NYA fue en su día la Maestra Elemental del Agua. Al igual que su esposo, Maya renunció a sus poderes para centrarse en su herrería y criar a sus hijos. Después de años como prisionera de Krux, no podría estar más feliz cuando por fin ve a sus niños de nuevo.

CAPÍTULO NUEVE
NINJA VS. HIJOS DE GARMADON

¡**UNA BANDA DE MOTEROS** se hace con tres máscaras mágicas y las usa para traer de vuelta a Lord Garmadon en su forma más malévola! ¿Pueden contar los ninja con la ayuda de la princesa Harumi? ¿Y qué hay del desaparecido Maestro Wu?

ESTA HISTORIA ES INTERESANTE... ¡PORQUE ES MÍA!

LLOYD DE LA RESISTENCIA

HIJO DE GARMADON

FICHA NINJA

PASIÓN: Princesa Harumi
AVERSIÓN: Moteros que usan su apellido
AMIGA: Nya
ENEMIGO: Ultra Violeta
APTITUD: Piloto de acrobacias
EQUIPO: Dao, catanas

SET: Reptador ninja nocturno
N.º DE SET: 70641
AÑO: 2018

Por primera vez Lloyd tiene ojos verdes en los sets LEGO® NINJAGO® estándar

El motivo en verde lima es nuevo en Lloyd

Su nueva arma es una especie de sable llamado dao

¿LO SABÍAS?
En 2018 se actualizó la imagen de todos los ninja, que incorporaron elementos de diseño de LA LEGO® NINJAGO® PELÍCULA™.

UN RAYO VERDE
El reptador ninja nocturno de Lloyd no es un coche de carreras cualquiera. Cuenta con modo de velocidad y de ataque, y con nuevos disparadores plegables de fuego racheado. Es ideal para ir al ritmo de Ultra Violeta en las calles de la ciudad de Ninjago.

CUANDO LOS HIJOS DE GARMADON
llegan a la ciudad, Lloyd pasa un mal rato. No solo se debate por lo que siente por Harumi, sino que debe hacer frente a una banda de moteros que venera a su malvado padre. ¡Pero al menos su nuevo traje genial resalta el verde de sus ojos!

JAGUAR-SERPIENTE

¡SHHH! ¡EN REALIDAD ES ZANE!

FICHA NINJA

PASIÓN: Serpientes, jaguares
AVERSIÓN: La ley y el orden
AMIGOS: Ultra Violeta, Mr. E
ENEMIGOS: Los ninja
APTITUD: Espadachín, motorista
EQUIPO: Catana

SET: Cuartel general de H.D.G.
N.º DE SET: 70640
AÑO: 2018

El mismo chaleco de motero de Skip Vicious y Luke Cunningham

Los ojos azul glacial evocan su identidad

HOLOCAZA

Cuando se descubre su verdadera identidad, Zane renuncia a su disfraz holográfico. ¡Justo en ese momento está en plena Carrera callejera del jaguar-serpiente (set 70639), mostrando sus dotes de motorista a Mr. E!

En este set Zane usa arco y flechas

Una de las dos catanas gemelas con vainas al dorso

LA ÚLTIMA ACTUALIZACIÓN del Ninja de Titanio permite a Zane disfrazarse con un holograma, habilidad que usa para pasarse por el motero «jaguar-serpiente» e infiltrarse en la banda de los Hijos de Garmadon. ¡Si sus nuevos «amigos» descubren que es un ninja, le retorcerán los circuitos!

SAMURÁI X P.I.X.A.L.

YA NO ES NYA

El casco luce una cresta más historiada que la de las antiguas minifiguras del Samurái X

Hombrera curva en dorado

X VS. VERMILLIONES

P.I.X.A.L. toma el relevo del Samurái X durante la batalla contra los Vermilliones. En Samurái VXL (set 70625), de 2017, P.I.X.A.L. lleva armadura azul y combate junto a Nya, la Samurái X original.

FICHA NINJA

PASIÓN: Ser el miembro más reciente del equipo ninja
AVERSIÓN: Ser hackeada
AMIGO: Zane
ENEMIGOS: Killow y «El Silencioso»
APTITUD: Velocidad de procesamiento superrápida
EQUIPO: Catanas doradas

SET: Killow vs. Samurái X
N.º DE SET: 70642
AÑO: 2018

Las rayas rojas de la armadura evocan a la antigua Samurái X

CUANDO NYA DEJA DE USAR

su identidad secreta como Samurái X, P.I.X.A.L. carga su inteligencia artificial en el traje del samurái. Al principio los ninja desconfían del nuevo héroe, pero cuando descubren que es su amiga androide, se muestran encantados de tenerla en el equipo.

¿LO SABÍAS?

P.I.X.A.L. perdió su cuerpo original en el primer Torneo de los Elementos y durante un tiempo vivió en la cabeza de Zane.

CÓLE DE LA RESISTENCIA

FIGURA PATERNA

FICHA NINJA

PASIÓN: Ver crecer a Wu
AVERSIÓN: Los pañales
AMIGO: Wu de bebé
ENEMIGOS: Chopper
Maroon y «El Silencioso»
APTITUD: Hacer de canguro
EQUIPO: Martillo gigante,
catanas

SET: Templo de la
resurrección
N.º DE SET: 70643
AÑO: 2018

Nuevo turbante ninja
hecho de dos piezas,
así la mitad superior
se puede cambiar
por pelo

Solo lleva
una hombrera
con una
vaina en
la espalda

Los símbolos
deletrean «TIERRA»,
elemento de Cole,
en lengua Ninjago

EL BEBÉ WU

Cole arrebata un bebé a los
Hijos de Garmadon, pero no
sabe que es el Maestro Wu
convertido en recién nacido por
la cuchilla para invertir el tiempo.
¡Piensa en llamarlo «Cole Júnior»
hasta que descubre la verdad!

¿LO SABÍAS?

El Templo de la
resurrección es el set
más grande de los
Hijos de Garmadon,
con nada menos que
765 piezas.

EL IMPERTURBABLE COLE lidera la
búsqueda del desaparecido Maestro Wu.
Enfundado en su nuevo traje sobrio, está
más serio que nunca. Cuando descubre
que Wu se ha transformado en un bebé,
decide ser su tutor y protector, y carga
con su antiguo maestro a la espalda.

NINJA DE LA RESISTENCIA

¡A POR GARMADON!

Ahora la minifigura de Jay tiene pecas

El símbolo «W» en lengua de Ninjago significa «agua»

FICHA NINJA

NOMBRE: Jay de la Resistencia
SET: Killow vs. Samurái X
N.º DE SET: 70642
AÑO: 2018

Nueva pieza de tela con armadura samurái kusazuri

Los prácticos compartimentos suplen la falta de bolsillos

El ceño resuelto puede cambiarse a una sonrisa avergonzada

La tela del traje de Kai luce motivos diamantinos

FICHA NINJA

NOMBRE: Kai de la Resistencia
SET: Catana V11
N.º DE SET: 70638
AÑO: 2018

FICHA NINJA

NOMBRE: Nya de la Resistencia
SET: Reptador ninja nocturno
N.º DE SET: 70641
AÑO: 2018

EL EQUIPO NINJA, último foco de resistencia contra el regreso de Garmadon, tiene que equiparse mejor que nunca. Cada guerrero lleva un traje con tejido de alta tecnología dotado de hombrera izquierda. Todos llevan el hombro derecho sin armadura para acceder con facilidad a las catanas gemelas.

¿LO SABÍAS?

Los seis miembros del equipo llevan un símbolo ninja de ocho caras a la espalda en los sets de los Hijos de Garmadon.

PRINCESA HARUMI

UN SOBERANO INCORDIO

UN PLAN SECRETO

El objetivo final de Harumi es resucitar a Lord Garmadon con tres antiguas máscaras Oni. Cuando estas se juntan, ¡pueden abrir una puerta entre el mundo de los vivos y el Reino de los Difuntos!

FICHA NINJA

PASIÓN: Lloyd
AVERSIÓN: Destrucción
AMIGOS: Los ninja
ENEMIGOS: Los Hijos de Garmadon
APTITUD: El engaño (¡todo lo de arriba es mentira!)
EQUIPO: Máscaras Oni

SET: Templo de la resurrección
N.º DE SET: 70643
AÑO: 2018

Motivo de flor de loto en la gran capa ceremonial

Atuendo real complementado con zapatillas doradas

¿LO SABÍAS?

A Harumi también se la conoce como Rumi, Princesa de Jade y, para unos cuantos escogidos, ¡«El Silencioso»!

HARUMI PERDIÓ A SUS PADRES de niña en la destrucción causada por una de las numerosas batallas de los ninja. Entonces la adoptaron el emperador y la emperatriz de Ninjago, y se convirtió en princesa de la noche a la mañana. Ahora finge admirar a los ninja, pero en secreto trama vengarse de ellos.

EL SILENCIOSO

EL SECRETO DE HARUMI

Ningún otro personaje tiene esta pieza de pelo en blanco ··········

Las catanas rojas son el arma predilecta de los Hijos de Garmadon

¿LO SABÍAS?

Harumi usa el nombre en código de «El Silencioso» porque, tras perder a sus padres de niña, apenas hablaba.

SIERVO DE PIEDRA

En Titán Oni (set 70658), Harumi ha resucitado a Garmadon en su forma más monstruosa y lo ayuda a devastar la ciudad de Ninjago. Sin embargo, ¡casi todo el trabajo lo hace un gigante de piedra llamado el Coloso!

FICHA NINJA
....

PASIÓN: Caos
AVERSIÓN: Sus padres soberanos
AMIGOS: H.D.G.
ENEMIGOS: Lloyd y los ninja
APTITUD: Crueldad
EQUIPO: Catana roja

SET: Duelo en la sala del trono
N.º DE SET: 70651
AÑO: 2018

Cuando no finge ser una princesa perfecta, ¡Harumi lidera en secreto a los Hijos de Garmadon! Los H.D.G. no tienen ni idea de para quién trabajan, así que la llaman simplemente «El Silencioso». Lloyd monta en cólera cuando descubre la verdad, pues está enamorado de Harumi.

HUTCHINS
PROTECTOR PALACIEGO

El parche y el rostro arrugado sugieren una vida azarosa

Lleva la misma hombrera historiada que el Samurái X

DESTEMPLADO

Cuando Harumi usa el Templo de la resurrección para invocar a Lord Garmadon del Reino de los Difuntos, ¡Hutchins se descompone al ver que uno de sus amados edificios palaciegos parece un rostro monstruoso!

Atuendo a juego con los colores reales de la princesa Harumi

CUANDO LOS HIJOS DE GARMADON atacan el palacio real, los ninja sospechan que Hutchins está colaborando con la banda. Pero, de hecho, este veterano siervo de la familia real de Ninjago es más leal que nadie. No le resulta fácil expresar lo que siente, pero siempre actúa de buen corazón.

MR. E
ENEMIGO ENIGMÁTICO

El visor tintado de rojo aumenta su aire amenazante

¿LO SABÍAS?
Una de las pocas cosas que los ninja descubren de Mr. E es que es un nindroide, igual que Zane.

La «G» de «Garmadon» se halla entre los emblemas y parches de su chupa de cuero

Bolsillos de cremallera para que no se le caiga nada cuando viaja a todo trapo

MÁSCARA DE LA VENGANZA
La máscara Oni de la venganza se guardaba en un lugar secreto de la Torre Borg hasta que la robaron los Hijos de Garmadon. Cuando se la pone Mr. E, ¡le salen dos brazos más y adquiere el don de absorber poderes!

MR. E ES UN MISTERIO incluso para sus compañeros, los Hijos de Garmadon. Tras su casco tintado, es una máscara aún más enigmática. No tiene sentido preguntarle qué significa su inicial, ya que no dice ni mu. Sus espadas hablan por él, ¡sobre todo cuando los ninja quieren charlar!

ULTRA VIÓLETA

FUERZA IMPREDECIBLE

FICHA NINJA

PASIÓN: Reírse de las desgracias ajenas
AVERSIÓN: Perder
AMIGOS: Nails y Skip Vicious
ENEMIGOS: Nya, Lloyd y Zane
APTITUD: Luchar
EQUIPO: Dagas sai, maza

SET: Cuartel general de H.D.G.
N.º DE SET: 70640
AÑO: 2018

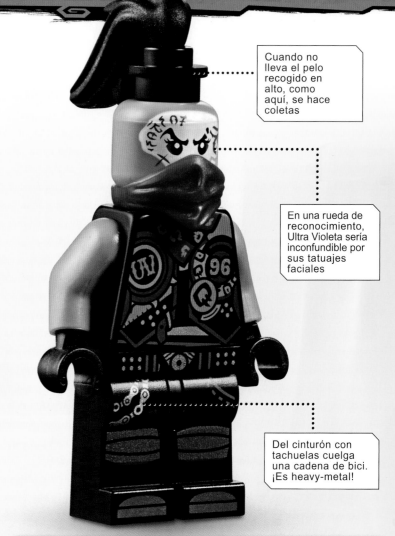

Cuando no lleva el pelo recogido en alto, como aquí, se hace coletas

En una rueda de reconocimiento, Ultra Violeta sería inconfundible por sus tatuajes faciales

Del cinturón con tachuelas cuelga una cadena de bici. ¡Es heavy-metal!

MÁSCARA DE ODIO

Los Hijos de Garmadon se llevan la máscara Oni del odio después de que Lloyd y Harumi la hallen en lo más profundo de la jungla. Cuando Ultra Violet se la pone, una imponente armadura pétrea rodea su cuerpo y la hace invencible!

NO HAY MODO DE SABER lo que esta salvaje villana hará a continuación. Siempre anda en busca de emociones, sin importarle el peligro. Se ríe de las cosas más extrañas (y crueles), pero casi siempre está de mal humor. ¡Está claro que su sitio está en la banda de los Hijos de Garmadon!

KILLOW

EL MOTERO MÁS GRANDE DE H.D.G.

La máscara Oni del engaño oculta su rostro barbado

Lleva el nombre tatuado en la barriga, ¡no sea que lo olvide!

FICHA NINJA

PASIÓN: Hacer ejercicio
AVERSIÓN: Las plazas de aparcamiento pequeñas
AMIGA: Ultra Violeta
ENEMIGOS: Jay, Samurái X
APTITUD: Ir en monopatín (con una tabla en cada pie)
EQUIPO: Gran porra de pinchos

SET: Killow vs. Samurái X
N.º DE SET: 70642
AÑO: 2018

LA MÁSCARA DEL ENGAÑO

Los Hijos de Garmadon roban la máscara Oni del engaño del palacio real. Cuando se la pone, Killow puede mover objetos con la mente, ¡aunque prefiere dispersar cosas en todas direcciones con su gran moto con sierra circular!

KILLOW ES UN RECLUTADOR de los Hijos de Garmadon. Pone a prueba a los miembros potenciales de la banda en una carrera donde las reglas y el juego limpio son secundarios. Ha decorado el chaleco y su piel con símbolos de los H.D.G. Y la máscara Oni es el toque final amenazante.

Nada como un par de calaveras por rodilleras para identificar a un «miembro de los Garmadon»

CHOPPER MAROON

PELIRROJO ARENGADOR

¡El maquillaje negro hace que los ojos parezcan fosos profundos!

El pañuelo facial puede llevarse con el nudo delante para mostrar la cara

Estampado del torso con parche de calavera cosido y motivos pintados con espray

FICHA NINJA

PASIÓN: Calaveras
AVERSIÓN: Sentir el viento en el pelo
AMIGOS: Mr. E, Nails
ENEMIGOS: Lloyd, Cole
APTITUD: Espadachín y mecánico de motos
EQUIPO: Catana y llave inglesa

SET: Templo de la resurrección
N.º DE SET: 70643
AÑO: 2018

PELO CHOPPER

La pieza de pelo de Chopper, que se prolonga por detrás de la cabeza, se creó en 2016 para una minifigura de LEGO® DIMENSIONS. Los Hijos de Garmadon son los primeros que la llevan en rojo. Chopper y Nails lucen el mismo peinado llamativo.

¿LO SABÍAS?

Una moto *chopper* es la que se hace con piezas sacadas de otras motos para crear una nueva de diseño impresionante.

CON LA CARA PINTADA como una calavera y el pelo cortado en una llamativa cresta roja, Chopper está resuelto a ser el más aterrador Hijo de Garmadon que pueda. Es verdad que la máscara anula el efecto de la calavera, pero las dos calaveras extras en su chupa de motero dejan claro el mensaje.

LA BANDA DE LOS H.D.G.

CHALADOS POR GARMADON

Las gafas se bajan para ver de cerca las averías que reparará

¿LO SABÍAS?

Los Hijos de Garmadon tienen su cuartel general secreto en una estación de metro abandonada de la ciudad de Ninjago.

FICHA NINJA

NOMBRE: Luke Cunningham
SET: Catana V11
N.º DE SET: 70638
AÑO: 2018

La misma chaqueta de vivos colores de Skip Vicious

Cuatro clavos plateados en la frente

FICHA NINJA

NOMBRE: Nails
SET: Cuartel general de H.D.G.
N.º DE SET: 70640
AÑO: 2018

¡Skip no se ha afeitado para no tener que quitarse el casco!

FICHA NINJA

NOMBRE: Skip Vicious
SET: Cuartel general de H.D.G.
N.º DE SET: 70640
AÑO: 2018

Nails es la única minifigura paticorta de H.D.G.

ESTOS VARIOPINTOS H.D.G. son los soldados de a pie de su banda de moteros, aunque no les gusta ir a pie a ningún sitio. La gente confunde a menudo a Luke Cunningham con Skip Vicious, pero, como siempre dicen ellos, ¡sus cascos tienen visores completamente distintos!

Brazos desnudos y guantes de motero, clásico *look* de los H.D.G.

SKYLOR PERSEGUIDA
ALIADA ELEMENTAL

FICHA NINJA

PASIÓN: Ofrecer fideos gratis a sus amigos
AVERSIÓN: No volver a ver a Kai
AMIGOS: Lloyd, Nya
ENEMIGA: Harumi
APTITUD: Absorber poderes
EQUIPO: Catanas y shurikens

SET: Duelo en la sala del trono
N.º DE SET: 70651
AÑO: 2018

Los apretados dientes pueden cambiarse por un gesto relajado

¿LO SABÍAS?
En su trabajo diurno, Skylor dirige la cadena de restaurantes de fideos que fundó su padre, el Maestro Chen.

Pieza del cinturón encajada entre piernas y torso

Puede llevar una espada extra a la espalda

LOS TRES MAESTROS
En un conjunto de minifiguras de 2017 (set 853687), Skylor lleva capucha y un arco. Forma un trío de Maestros Elementales con Shade, Maestro de las Sombras, y Ash, Maestro del Humo.

¡MUCHOS ALIADOS DE LOS NINJA acuden en ayuda de la ciudad cuando Harumi y los Hijos de Garmadon toman Ninjago! Como Maestra del Ámbar, Skylor luce un nuevo atuendo para unirse a Lloyd y Nya. Entretanto, ¡los otros cuatro ninja están atrapados en otro reino!

EMPERADOR GARMADON
¡MÁS PODEROSO AÚN!

Casco de una pieza diseñado para LA LEGO NINJAGO PELÍCULA

Una de dos lanzas gigantes naginata

¿LO SABÍAS?

Cuando se convierte en emperador, Garmadon prohíbe todo lo verde... ¡porque es el color elemental de Lloyd!

La coraza agrietada supura un líquido morado

FICHA NINJA

PASIÓN: Destrucción
AVERSIÓN: Verde
AMIGA: Harumi
ENEMIGOS: Los ninja
APTITUD: Conjurar grandes monstruos pétreos
EQUIPO: Catanas, lanzas naginata

SET: Templo de la resurrección
N.º DE SET: 70643
AÑO: 2018

GARMADON TRIUNFAL

Cuando Harumi revive a Garmadon en el Templo de la resurrección, provoca una cadena de terribles sucesos. Cole, Jay, Kai, Zane y Wu parecen destruidos, lo cual convierte a Lloyd y Nya en los dos últimos ninja.

¿CREÍAS QUE GARMADON era malo? ¡Pues conoce a esta versión! No le queda rastro de bondad, solo pasión destructora. Con Harumi y los Hijos de Garmadon listos para obedecerlo, ¡nada puede impedir que se convierta en el emperador Garmadon!

MAESTRO KAI

FOGOSO MAESTRO DEL SPINJITZU

Parte superior del turbante con los colores de la variante principal de H.D.G. invertidos

Parte inferior del turbante igual que la de los otros sets de H.D.G.

FICHA NINJA

PASIÓN: Hacer el «salto de la rana»
AVERSIÓN: Desequilibrarse
AMIGOS: Sus compañeros Maestros del Spinjitzu
ENEMIGOS: Los H.D.G.
APTITUD: Girar como loco
EQUIPO: Espadas de Dragón y shurikens

SET: Kai: Maestro del Spinjitzu
N.º DE SET: 70633
AÑO: 2018

¿LO SABÍAS?

Los primeros sets de spinners de NINJAGO se lanzaron en 2011 y podían usarse en un juego de cartas.

UN GIRO INESPERADO

Todos los sets de los Maestros del Spinjitzu llevan un spinner manual con cable de lanzamiento y empuñadura de piezas LEGO. Cuando se tira del cable, el spinner rueda, gira o sale despedido. ¡Vamos, ninja!

Energía del Fuego ardiendo en su ligero traje de entrenamiento

COMO MAESTRO DEL SPINJITZU, ¡Kai puede aumentar el calor de sus adversarios girando en un borrón de energía elemental del Fuego! Su atuendo luce motivos de llamas para que todos sepan que sus técnicas de Spinjitzu –«órbita», «zen», «salto de la rana» y el «efecto palma»– sacuden al rojo vivo.

MAESTRA NYA

ACUÁTICA MAESTRA DEL SPINJITZU

PIEZAS EXTRAS

Cada set de Maestros del Spinjitzu lleva un par de shurikens y piezas para construir un armero donde guardar el equipo. En el caso de Nya, este tiene espacio para una lanza y un elemento acuático!

Desde 2018, las minifiguras estándar de Nya lucen un lunar en una mejilla

Olas y salpicaduras representan el agua, elemento de Nya

FICHA NINJA

PASIÓN: Hacer el «zen»
AVERSIÓN: Marearse
AMIGOS: Los otros Maestros del Spinjitzu
ENEMIGOS: Los H.D.G.
APTITUD: Estar en la cresta de la ola
EQUIPO: Lanza y shurikens

SET: Nya: Maestra del Spinjitzu
N.º DE SET: 70634
AÑO: 2018

Estampado de las piernas de las seis minifiguras de los Maestros del Spinjitzu

EL TRAJE NEGRO de entreno de Nya se salpica de color cuando activa sus poderes del Spinjitzu. La impregna una oleada de energía y se convierte en un remolino de técnicas de artes marciales. ¡Todo enemigo que se cruce en su camino se sentirá como si lo hubieran tirado por un desagüe!

¿LO SABÍAS?

Para perfeccionar la técnica del «zen» hay que elevarse y flotar un rato en el aire, como hace Wu cuando medita.

MAESTRO JAY

MAESTRO ATRONADOR DEL SPINJITZU

FICHA NINJA

PASIÓN: Hacer el «derrape»
AVERSIÓN: Girar descontroladamente
AMIGOS: Sus compañeros Maestros del Spinjitzu
ENEMIGOS: Los H.D.G.
APTITUD: Darse una vuelta
EQUIPO: Nunchakus y shurikens

SET: Jay: Maestro del Spinjitzu
N.º DE SET: 70635
AÑO: 2018

Rayos azules de energía relampagueante asoman por su traje de entreno

Piernas como las de la minifigura de la Bola de entrenamiento de kendo de Jay

NUEVO TRAJE EN UNA BOLA

Jay lleva su traje de entreno sin motivos elementales en la Bola de entrenamiento de kendo de Jay (set 853758). Lloyd y Cole llevan el mismo atuendo en sus sets de entrenamiento portátiles.

¿LO SABÍAS?

La web de LEGO NINJAGO tiene vídeos con consejos para sacar el máximo partido a tu spinner.

¡COMO MAESTRO DEL SPINJITZU, Jay puede girar tan rápido que parece un borrón! Gracias a eso puede ejecutar alucinantes técnicas del Spinjitzu, como su favorita, el «derrape». Su cuerpo, que rezuma energía elemental del Rayo, ¡advierte a sus enemigos que se alejen o los fulmina!

MÆSTROS DEL SPINJITZU
TRIPLE TORNADO

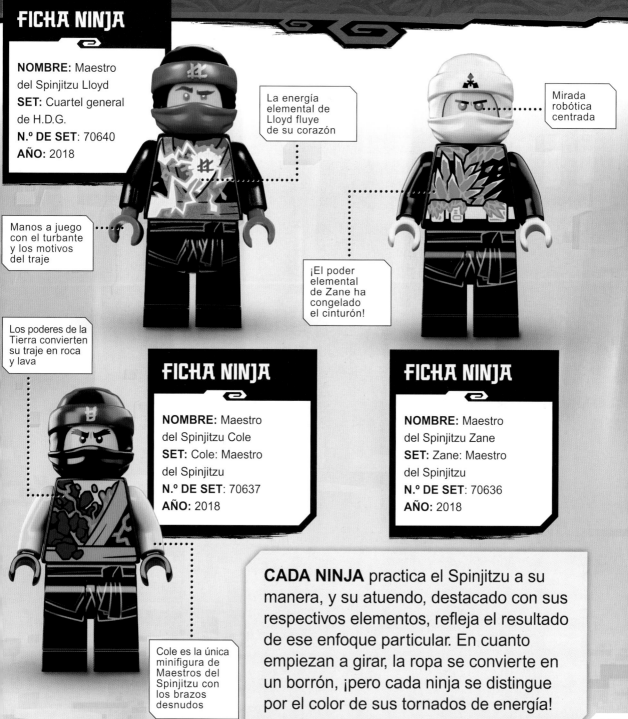

FICHA NINJA

NOMBRE: Maestro del Spinjitzu Lloyd
SET: Cuartel general de H.D.G.
N.º DE SET: 70640
AÑO: 2018

La energía elemental de Lloyd fluye de su corazón

Mirada robótica centrada

Manos a juego con el turbante y los motivos del traje

¡El poder elemental de Zane ha congelado el cinturón!

Los poderes de la Tierra convierten su traje en roca y lava

FICHA NINJA

NOMBRE: Maestro del Spinjitzu Cole
SET: Cole: Maestro del Spinjitzu
N.º DE SET: 70637
AÑO: 2018

FICHA NINJA

NOMBRE: Maestro del Spinjitzu Zane
SET: Zane: Maestro del Spinjitzu
N.º DE SET: 70636
AÑO: 2018

Cole es la única minifigura de Maestros del Spinjitzu con los brazos desnudos

CADA NINJA practica el Spinjitzu a su manera, y su atuendo, destacado con sus respectivos elementos, refleja el resultado de ese enfoque particular. En cuanto empiezan a girar, la ropa se convierte en un borrón, ¡pero cada ninja se distingue por el color de sus tornados de energía!

CAPÍTULO DIEZ

NINJA VS. CAZADRAGÓNES

COLE, KAI, JAY Y ZANE están muy lejos de casa cuando se enfrentan al Barón de Hierro y a sus Cazadores de Dragones en el Reino de los Oni y los Dragones. Entretanto, ¡Lloyd y Nya lidian con serios problemas en la ciudad de Ninjago!

¡AL QUE INVENTÓ ESTE CAPÍTULO HAY QUE ECHARLE UNA MANO!

LLOYD PERSEGUIDO

ANDRAJOSO GUERRERO DE LA RESISTENCIA

Desvaído logo
«WU-CRU»,
imagen estilizada
del Maestro Wu

FICHA NINJA

PASIÓN: Reclutar un
ejército para la resistencia
AVERSIÓN: Abandonar
toda esperanza
AMIGOS: La resistencia
ENEMIGO: Emperador
Garmadon
APTITUD: Liderazgo
EQUIPO: Espada, sashimono

SET: Titán Oni
N.º DE SET: 70658
AÑO: 2018

¿LO SABÍAS?
Lloyd aparece en un
set con el Titán Oni,
un gigante LEGO de
más de 25 cm de alto.
¡Seis veces más que
una minifigura!

La pintura verde
de la armadura,
maltrecha por
el combate,
se desprende
y asoma el metal

El harapiento
cinturón no
está en su
mejor momento

BANDERA ENARBOLADA

Cuando Lloyd se lanza al combate
contra el Titán Oni, lleva un
sashimono en la espalda. Este
estandarte largo y delgado es
un clásico accesorio samurái,
y con él Nya identifica
a Lloyd con gran
facilidad mientras
luchan juntos en
la batalla.

Sashimono
LEGO® hecho
con una barra
y una pieza
acoplable LEGO®

NO ES DE EXTRAÑAR que Lloyd parezca
enfadado. Ha perdido su poder elemental,
su padre está al mando de la ciudad de
Ninjago, y él y Nya parecen ser los únicos
ninja. Los secuaces del emperador Garmadon
le dan caza, y ha compuesto su traje de calle
con el equipo útil que ha encontrado por ahí.

NYA PERSEGUIDA
INGENIOSA INSUMISA

El nuevo peinado salió en los sets de LA LEGO® NINJAGO® PELÍCULA™

¿LO SABÍAS?
WU-CRU es una de las muchas apps de LEGO® NINJAGO® para *smartphone* que se han ido creando con los años.

TRIPULACIÓN DE DOS
En Diana de entrenamiento de la WU-CRU (set 30530), Nya y Lloyd se preparan para luchar sin su equipo habitual. Ambos lucen uniforme blanco con logos dorados del Maestro Wu, y Nya aún lleva su antiguo peinado.

FICHA NINJA

PASIÓN: Mantener la calma en las crisis
AVERSIÓN: Su hermano, Kai, desaparecer
AMIGO: Lloyd
ENEMIGO: El Titán Oni
APTITUD: Ingeniería
EQUIPO: Hoz de doble hoja

SET: Titán Oni
N.º DE SET: 70658
AÑO: 2018

Las rayas azules y el logo WU-CRU ya se deterioran en la desgastada blusa

La hoz es solo una de las armas que ha diseñado Nya

NYA SABE LO MAL QUE PINTA TODO
con el emperador Garmadon al mando de la ciudad de Ninjago y casi todos los ninja desaparecidos. ¡Pero esta Maestra del Agua no tiene tiempo para llorar! Está ocupada creando armas y material para que Lloyd y ella se adelanten a los Hijos de Garmadon.

NINJA PERSEGUIDOS

PERDIDOS EN OTRO REINO

FICHA NINJA

NOMBRE: Kai perseguido
SET: Caza del destino
N.º DE SET: 70650
AÑO: 2018

Hombrera para el nuevo y riguroso entorno

Un accidente le destrozó la manga; ahora lleva el brazo desnudo

FICHA NINJA

NOMBRE: Jay perseguido
SET: Portador de tormentas
N.º DE SET: 70652
AÑO: 2018

Los trajes son versiones hechas jirones de los que usaron para luchar contra los H.D.G.

El turbante ha quedado intacto

¿LO SABÍAS?

El Reino de los Oni y los Dragones es el más antiguo de los 16 reinos, y en el pasado fue el hogar del padre del Maestro Wu.

FICHA NINJA

NOMBRE: Cole perseguido
SET: Llama del destino
N.º DE SET: 70653
AÑO: 2018

Nueva armadura improvisada pintada en torso y piernas

¡CASI TODO EL EQUIPO NINJA se ve obligado a abandonar el Reino de Ninjago cuando el Titán Oni aplasta el *Barco de Asalto Ninja* con ellos a bordo! Acaban en el hostil Reino de los Oni y los Dragones, y su ropa se estropea enseguida mientras averiguan cómo volver a casa.

Peto rasgado y gi rajado tras un encuentro con un dragón

ZANE PERSEGUIDO
BUSCADO PARA DESGUACE

La tela rota deja a la vista el valioso brazo de titanio

La gruesa empuñadura equilibra el peso de la espada

EL REGRESO
Para volver a la ciudad de Ninjago, los ninja deben encontrar las cuatro piezas de la legendaria Armadura del Dragón. En el set Portador de tormentas, Zane y Jay ya tienen la Espada de Hueso de Dragón y combaten por hacerse con el dorado Peto del Dragón.

EN EL REINO DE LOS ONI y los dragones, Zane se enfrenta a su propio peligro singular. Los Cazadores de Dragones deambulan por la tierra en busca de chatarra para su misión de caza draconiana. Como Zane está hecho de titanio superior, ¡a los cazadores les encantaría atraparlo y desguazarlo!

BARÓN DE HIERRO
LÍDER DE LOS CAZADORES DE DRAGONES

PASIÓN: Mandar en su banda con mano de hierro
AVERSIÓN: Dragones
AMIGO: Heavy Metal
ENEMIGOS: Wu y los ninja
APTITUD: Astucia, engaño
EQUIPO: Brazo cibernético, espada tanto y bastón astado

SET: Dieselnauta
N.º DE SET: 70654
AÑO: 2018

¿LO SABÍAS?
La pierna postiza, el ciberbrazo y las cicatrices faciales del Barón de Hierro son fruto de sus encuentros con dragones.

Ranura para llevar una corta espada en bandolera

El brazo cibernético se acopla a una mano estándar

CAMIÓN MONSTRUOSO
El Dieselnauta del Barón de Hierro refleja su desprecio por el medio ambiente, pues contamina muchísimo. Los otros Cazadores de Dragones viajan felices en él hasta que los ninja les enseñan a respetar a sus congéneres.

EL BARÓN DE HIERRO, llevado por su odio por los dragones y su ansia de poder, ha sometido a los Cazadores de Dragones. Los ha arrastrado a una vida miserable de miedo y mentiras. ¡Lo único que le importa es hacerse con la Armadura del Dragón antes que los ninja!

155

HEAVY METAL

UN ACTO DE FE

FICHA NINJA
....

PASIÓN: Un mundo nuevo
y mejor
AVERSIÓN: Líderes duros
AMIGO: El Barón de Hierro
(¡o eso cree él!)
ENEMIGO: Llama del
destino (a regañadientes)
APTITUD: Imitación
EQUIPO: Rifle con cadena
Vengarroca, catana

SET: Llama del destino
N.º DE SET: 70653
AÑO: 2018

El ancho sombrero
le oculta el rostro,
¡y además lo
protege del sol!

Hombrera como
la del Barón
de Hierro,
pero en el
otro brazo

Clip de anillo pintado
en el cinturón para
colgarse del
Cazacóptero

PARTIDA DE CAZA

En el set Llama del destino, Heavy
Metal sale a cazar dragones con
Mordedor, Jet Jack y Mordaza.
Lleva la misma armadura y
máscara que Heavy Metal, pero
tiene un estampado facial distinto
y capucha en vez de sombrero.

Mordaza
luce dos ojos
rojos tras
la máscara

**LA MANO DERECHA DEL BARÓN DE
HIERRO** no es la persona que finge ser. Heavy
Metal es un nombre y un disfraz que adopta
una mujer idealista llamada Fe. Como sugiere
su nombre, tiene mucha fe, y desea un futuro
mejor para su reino. Si estuviera al mando,
haría las cosas de un modo muy distinto…

PAPI SIN PIERNAS

¡TAMBIÉN LLAMADO PAPI NUEVAS PIERNAS!

FICHA NINJA

PASIÓN: Que nunca le regalen calcetines
AVERSIÓN: Su apodo inapropiado
AMIGO: El barón de Hierro
ENEMIGO: Portador de tormentas
APTITUD: Rastreo
EQUIPO: Cadena Vengarroca, espada

SET: Portador de tormentas
N.º DE SET: 70652
AÑO: 2018

Peinado alto como el de Nadakhan, capitán de los Piratas del Cielo

CADENA DE DESDICHAS

El cuerpo cibernético de Papi sin Piernas no es solo para moverse. Tiene una cadena para agarrarse a dragones como el Portador de tormentas y llevar a los pobres animales a la base de los Cazadores de Dragones.

Parte inferior mecánica hecha con 23 piezas LEGO

¿LO SABÍAS?

Los Cazadores de Dragones usan armas Vengarroca porque estas bloquean los poderes elementales de sus presas.

HACE AÑOS, este decidido Cazador de Dragones perdió las piernas en una escaramuza con su potencial presa. ¡Hoy se desplaza sobre unas piernas mecánicas y es más rápido y ágil que nunca! Junto con Heavy Metal, es uno de los mejores generales cazadores del Barón de Hierro.

El indicador muestra la autonomía de las ciberpiernas

157

JET JACK
CAZADORA DE ALTURA

FICHA NINJA

PASIÓN: Subestimar a todo el mundo desde lo alto
AVERSIÓN: Que la subestime su jefe
AMIGOS: Los cazadores
ENEMIGOS: Kai y Cole
APTITUD: Pastoreo de dragones
EQUIPO: Kaginawa, mochila propulsora, lanza

SET: Caza del destino
N.º DE SET: 70650
AÑO: 2018

¡Sus acrobacias aéreas bastan para ponerle los pelos de punta!

¿LO SABÍAS?
Bajo su equipo de vuelo, Jack esconde un paracaídas estampado a la espalda.

Correas de la mochila propulsora bien sujetas al torso de Jack

Las alas de punta inclinada pueden moverse arriba y abajo

LUCHAR Y HUIR
En el set Caza del destino, Jack y su mochila se enfrentan a Kai en su avión monoplaza. Ambos compiten por una parte de la Armadura del Dragón: ¡la dorada Espada de Hueso de Dragón!

JET JACK ES RESPONSABLE DE espantar a los dragones para que salgan del cielo y vayan al suelo, donde es más fácil cazarlos. Desea que el Barón de Hierro aprecie más su trabajo. Es la principal candidata a volverse en su contra si emerge un nuevo líder.

LOS CAZADORES

EL RESTO DE LA TRIBU DE CAZADORES DE DRAGONES

El único cazador con máscara de soldador

¿LO SABÍAS?

En los dos sets en que aparece, Mordedor lleva una pata de pavo para atraer a los dragones hambrientos.

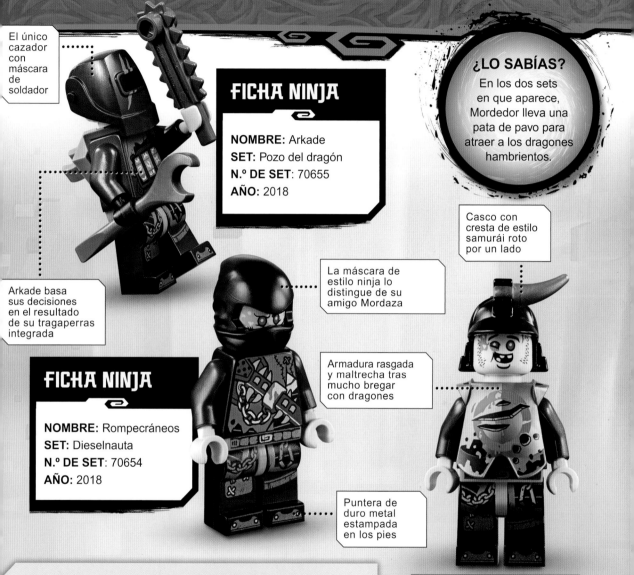

FICHA NINJA

NOMBRE: Arkade
SET: Pozo del dragón
N.º DE SET: 70655
AÑO: 2018

Casco con cresta de estilo samurái roto por un lado

La máscara de estilo ninja lo distingue de su amigo Mordaza

Arkade basa sus decisiones en el resultado de su tragaperras integrada

FICHA NINJA

NOMBRE: Rompecráneos
SET: Dieselnauta
N.º DE SET: 70654
AÑO: 2018

Armadura rasgada y maltrecha tras mucho bregar con dragones

Puntera de duro metal estampada en los pies

¡**LOS SOLDADOS RASOS DEL** Barón de Hierro son aún más raros que sus superiores! Arkade se llama así por la tragaperras que lleva en la armadura; Mordedor debe su nombre a su afán por acercarse a los dragones, y Rompecráneos… ¡probablemente sea un nombre tradicional en el Reino de los Oni!

FICHA NINJA

NOMBRE: Mordedor
SET: Llama del destino
N.º DE SET: 70653
AÑO: 2018

WU ADOLESCENTE

MAESTRO DEL PASADO

En el set Dieselnauta, Wu blande por primera vez una catana en lugar de un bastón

FICHA NINJA

PASIÓN: Reaprender su propia sabiduría
AVERSIÓN: Olvidar sus recuerdos
AMIGOS: Los ninja atrapados
ENEMIGOS: Rompecráneos y Mordaza
APTITUD: Disfrazarse
EQUIPO: Catana

SET: Dieselnauta
N.º DE SET: 70654
AÑO: 2018

¡Wu ya tiene el pelo blanco cuando aún es un adolescente!

GUERRERO DE PIEDRA

El set Dieselnauta incluye las cuatro partes de la Armadura del Dragón, tal como la forjaron Llama del destino y el primer Maestro del Spinjitzu. Puede llevarla Wu o colocarse en una estatua hecha con varias piezas.

Disfraz de Cazador de Dragones para colarse en la base del Barón de Hierro

Simples piezas grises de minifigura

WU HA CRECIDO MUCHO desde que regresó a Ninjago de bebé. Ahora, en el Reino de los Oni y los Dragones, ¡hasta le sale barba otra vez! Y también está recuperando sus recuerdos sobre quién es, incluido el hecho de que su padre fue el primer Maestro del Spinjitzu.

WU: MAESTRO DEL DRAGÓN

¡UN WU DORADO NADA AVIEJADO!

FICHA NINJA

PASIÓN: Dragones
AVERSIÓN: Cazadores de Dragones
AMIGO: Llama del destino
ENEMIGO: Barón de Hierro
APTITUD: Empatía
EQUIPO: Armadura del Dragón Dorado

SET: Pozo del dragón
N.º DE SET: 70655
AÑO: 2018

¿LO SABÍAS?
Gracias a la conexión de Wu con Llama del destino, él y los ninja logran regresar a Ninjago.

El Peto del Dragón lleva tacos al dorso para poner un estandarte

El gran escudo del Dragón muestra a Llama del destino en pleno vuelo

Espada de Hueso de Dragón con empuñadura de cabeza de dragón

MAESTRO ENMASCARADO
La minifigura de Wu luce una máscara ninja por primera vez en el set del planeador Maestro del Dragón Dorado (set 70644). Tras el llamativo pañuelo lleva su negro bigote de adolescente, barba de tres días y perilla.

CUENTA LA LEYENDA que la Armadura del Dragón Dorado del primer Maestro del Spinjitzu permite controlar a Llama del destino. Pero Wu se la pone y comprende que esta no tiene poderes especiales. Su padre pudo montar al dragón y trabajar con él gracias al amor y el respeto que le tenía.

JAY: MAESTRO DEL DRAGÓN
VICTORIA EN ESPIRAL

FICHA NINJA

PASIÓN: Abrir las alas
AVERSIÓN: Turbulencias
AMIGOS: Maestros
del Dragón
ENEMIGOS: Techos bajos
APTITUD: Hacer el Dragón
Acrobático
EQUIPO: Shurikens

SET: Jay: maestro
del dragón
N.º DE SET: 70646
AÑO: 2018

La mirada concentrada
puede cambiarse por
un gesto de inquietud

Clásico gi
de ninja bajo
el arnés
de piloto

RELAMPAGUEANTES
¡Cada set de los Maestros
del Dragón lleva una minifigura
volante y un cable de lanzamiento
para recrear tácticas ninja como
el Ataque del Dragón, el Dragón
Acrobático, el Ojo del Dragón
y el Dragón en Picado!

¿LO SABÍAS?
Cuando los ninja
vuelven a Ninjago,
usan sus nuevos
dones para derrotar
al emperador
Garmadon.

Las rodilleras
procuran un
aterrizaje suave
tras las piruetas

JAY AYUDA A WU a ver el lado positivo cuando
se pierden en la Tierra de los Oni y los Dragones.
A su vez, Wu ayuda a Jay a invocar a su Dragón
Elemental. Con su equipo como Maestro del
Dragón, Jay parece un cruce entre un ninja y un
raudo piloto, con su arnés de asiento eyectable
y sus bolsillos con equipo de supervivencia.

MAESTROS DEL DRAGÓN

GUERREROS ALADOS

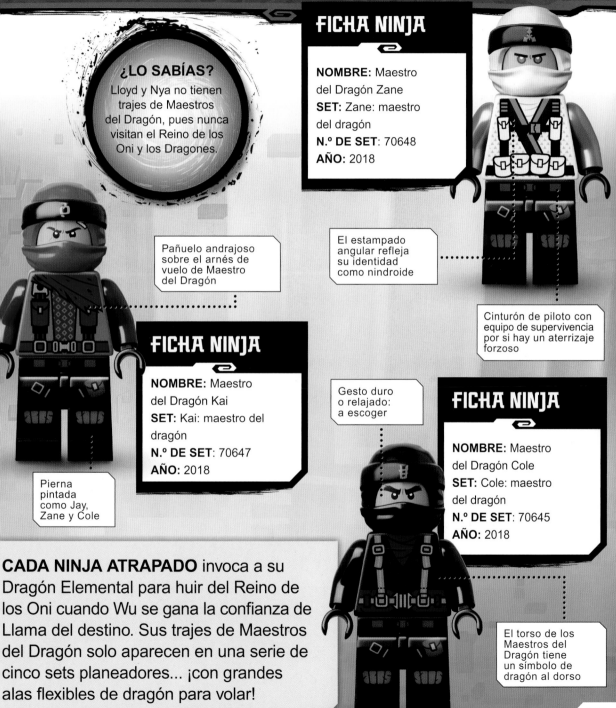

¿LO SABÍAS?
Lloyd y Nya no tienen trajes de Maestros del Dragón, pues nunca visitan el Reino de los Oni y los Dragones.

FICHA NINJA

NOMBRE: Maestro del Dragón Zane
SET: Zane: maestro del dragón
N.º DE SET: 70648
AÑO: 2018

Pañuelo andrajoso sobre el arnés de vuelo de Maestro del Dragón

El estampado angular refleja su identidad como nindroide

Cinturón de piloto con equipo de supervivencia por si hay un aterrizaje forzoso

FICHA NINJA

NOMBRE: Maestro del Dragón Kai
SET: Kai: maestro del dragón
N.º DE SET: 70647
AÑO: 2018

Gesto duro o relajado: a escoger

FICHA NINJA

NOMBRE: Maestro del Dragón Cole
SET: Cole: maestro del dragón
N.º DE SET: 70645
AÑO: 2018

Pierna pintada como Jay, Zane y Cole

CADA NINJA ATRAPADO invoca a su Dragón Elemental para huir del Reino de los Oni cuando Wu se gana la confianza de Llama del destino. Sus trajes de Maestros del Dragón solo aparecen en una serie de cinco sets planeadores... ¡con grandes alas flexibles de dragón para volar!

El torso de los Maestros del Dragón tiene un símbolo de dragón al dorso

LA HECHICERA SERPIENTE Aspheera ataca Ninjago con sus Víboras Pyro y la cosa se pone calentita. Pero cuando la acción se traslada al gélido Reino de Nunca Jamás, ¡el Emperador de Hielo y su Samurái Blizzard dan una fría bienvenida a los ninja!

¡BRRR! ¡ESTE CAPÍTULO ME PROVOCA ESCALOFRÍOS!

ASPHEERA

RETORCIDA PIRÓMANA

Ojos chispeantes de ámbar en una cabeza acorazada de Serpiente

Espada Naginata de brillante punta naranja

El Pergamino del Spinjitzu Prohibido brilla con la energía del fuego

FICHA NINJA

PASIÓN: Quemar Ninjago
AVERSIÓN: Quedarse atrapada en una pirámide durante mil años
AMIGO: Char
ENEMIGO: Maestro Wu
APTITUD: El Spinjitzu prohibido, la brujería
EQUIPO: Pergamino del Spinjitzu Prohibido

SET: Colmillo de Fuego
N.º DE SET: 70674
AÑO: 2019

FLAMANTE

A Aspheera le gusta aparecer entre una llamarada de gloria, ¡por lo que viaja en un trono de espadas sobre la nuca de Colmillo de Fuego! Como si su armadura dorada no fuera lo bastante llamativa…

HACE MUCHO TIEMPO, esta hechicera Serpiente intentó conquistar Ninjago, pero el joven Wu y Garmadon la derrotaron. ¡Ahora ha vuelto para vengarse! Con su magia, conjura un ejército de Víboras Pyro y a la enorme serpiente Colmillo de Fuego, que usa para incendiar la ciudad de Ninjago!

CHAR

SIERVO ARDIENTE

Cetro para
guardar el
Pergamino
del Spinjitzu
Prohibido

Los colmillos
asoman por
la mandíbula
cerrada

FICHA NINJA

PASIÓN: Imaginar que salta
la chispa entre él y Aspheera
AVERSIÓN: Cuando ella le
ignora
AMIGAS: Las Víboras Pyro
ENEMIGOS: Los ninja
APTITUD: Dar y recibir
órdenes
EQUIPO: Cetro con
cabezas de serpientes

SET: Catana 4 × 4
N.º DE SET: 70675
AÑO: 2019

CHAR AL MANDO
En el set Catana 4 × 4, Char
dirige al Azotador Pyro y al
Cazador Pyro en el combate contra
Kai y Nya. Son tres contra dos,
¡pero los ninja tienen un nuevo
todoterreno y los poderes del
Spinjitzu Prohibido de su parte!

COMO TODAS LAS VÍBORAS PYRO,
¡Char era una inofensiva momia de Serpiente
en un museo hasta que Aspheera regresó
a Ninjago! Ahora su brujería le ha insuflado
la llama de la vida y Char es su siervo fiel.
Aspheera no tiene ni idea de que él arde
de amor no correspondido por ella…

VÍBORAS PYRO

EL ESCUADRÓN SERPENTINO DE ASPHEERA

FICHA NINJA

NOMBRE: Cazador Pyro
SET: Colmillo de Fuego
N.º DE SET: 70674
AÑO: 2019

El fuego arde bajo las vendas chamuscadas

Empuñadura larga de la espada nagamaki

El látigo es un arma inusual en los sets LEGO® NINJAGO®

El peto luce cabezas de serpiente en las hombreras

El Destructor Pyro blande una espada curva de corta empuñadura

FICHA NINJA

NOMBRE: Destructor Pyro
SET: Moto Todoterreno de Cole
N.º DE SET: 70672
AÑO: 2019

FICHA NINJA

NOMBRE: Azotador Pyro
SET: Catana 4X4
N.º DE SET: 70675
AÑO: 2019

Escudo redondo con tachuela, nuevo en los sets LEGO NINJAGO de 2019

A DIFERENCIA DE SU GENERAL, las Víboras Pyro de a pie son guerreros obedientes y tontos sin libre albedrío. El fuego mágico de Aspheera les ha insuflado vida y, si su llama interior se apaga, pueden volver a su estado de momias inánimes de museo.

KAI ACORAZADO

SIN PODERES

El turbante ninja es de nuevo una sola pieza, a diferencia de los de 2018

Su nueva armadura tiene ranuras para la espada al dorso

FICHA NINJA

PASIÓN: Redescubrir su auténtico potencial
AVERSIÓN: Que Aspheera dé mal uso a sus poderes
AMIGOS: Ninja poderosos
ENEMIGA: Aspheera
APTITUD: Ir a toda pastilla en el Catana 4×4
EQUIPO: Catanas de oro y plata

SET: Catana 4×4
N.º DE SET: 70675
AÑO: 2019

PODERES RECUPERADOS

Kai también aparece en el set de minifiguras MF: NINJAGO® 2019 (set 40342), que incluye a Clutch Powers, ¡el arqueólogo que abre sin querer la cárcel donde Aspheera ha pasado los últimos mil años!

CUANDO LOS NINJA COMBATEN A ASPHEERA, esta despoja a Kai de sus poderes elementales y los suma a los suyos. ¿Podrá Kai seguir siendo un héroe aunque ya no sea el Maestro del Fuego? Kai aprende que a un ninja lo definen las decisiones que toma y no sus poderes. ¡Y aún puede salvarlo su don con la espada!

NINJA ACORAZADOS

A LA CAZA DE PERGAMINOS

Todos los ninja llevan esta nueva hombrera

FICHA NINJA

NOMBRE: Jay acorazado
SET: Navío de Tierra
N.º DE SET: 70677
AÑO: 2019

Su martillo luce una nueva empuñadura con cabeza de dragón

Insignias del rayo y carita sonriente en la correa del arnés

FICHA NINJA

NOMBRE: Cole acorazado
SET: Moto Todoterreno de Cole
N.º DE SET: 70672
AÑO: 2019

FICHA NINJA

NOMBRE: Nya acorazada
SET: Navío de Tierra
N.º DE SET: 70677
AÑO: 2019

Ahora la cinta de la cabeza lleva las iniciales de cada ninja

LOS NUEVOS TRAJES simbolizan un nuevo comienzo para los ninja, que se han vuelto algo perezosos desde su última gran victoria. Pero, si quieren derrotar a Aspheera, les hará falta algo más que un cambio de ropa. ¡Deben evitar que consiga los Pergaminos del Spinjitzu Prohibido!

Misil para el lanzamisiles del Navío de Tierra

LLOYD ACORAZADO

EN EL REINO DE NUNCA JAMÁS

Espada dorada con borla, exclusiva de Lloyd

Símbolo «L» en lengua Ninjago en la hombrera

LLOYD CON LÁMPARA

En el Viaje de Lloyd (set 70671), el Ninja Verde lleva una máscara negra en vez de su capucha habitual. Su espada dorada está incrustada en el hielo y lucha con una llameante lámpara de aceite.

LLOYD SE EMBARCA EN UNA BÚSQUEDA en solitario por el gélido Reino de Nunca Jamás. Aspheera ha echado a Zane de Ninjago, y ahora Lloyd debe encontrarlo. Así que va equipado con un robot y varias armas para combatir al Samurái Blizzard. ¡Esperamos que este nuevo traje ninja sea adecuado para el frío!

AKITA
GUÍA METAMORFA

FICHA NINJA

PASIÓN: Explorar la naturaleza
AVERSIÓN: La gente que habla demasiado
AMIGOS: Lloyd, Kataru
ENEMIGOS: Emperador de Hielo, General Vex
APTITUD: Cambiar de forma
EQUIPO: Daga

SET: Castillo del Emperador Olvidado
N.º DE SET: 70678
AÑO: 2019

¿LO SABÍAS?
El hermano gemelo de Akita, Kataru, se transforma en oso. Ambos hallaron sus formas animales en una «ceremonia de elección».

Peinado con trenzas

Broche con símbolo lobuno

Capa en forma de colas

TRANSFORMACIÓN ANIMAL
Los Cambiaformas tienen el poder de transformarse en animales. Akita se convierte en un inconfundible lobo blanco de tres colas, y conoce a Lloyd en su forma de lobo.

AKITA QUIERE SALVAR A SU PUEBLO, los Cambiaformas, que habitan en el Reino de Nunca Jamás y fueron atacados por el Emperador de Hielo. ¡Ella es la única que no fue congelada! Y ayuda al Ninja Verde a orientarse en el hostil mundo helado al que ella llama hogar.

MAESTRO WU

¡EL ENEMIGO MÁS ANTIGUO DE ASPHEERA!

FICHA NINJA

PASIÓN: Tener otra vez una barba larga y ondulante
AVERSIÓN: El Spinjitzu Prohibido
AMIGOS: Los ninja
ENEMIGA: Aspheera
APTITUD: Reconocer sus errores
EQUIPO: Bastón Bo

SET: Navío de Tierra
N.º DE SET: 70677
AÑO: 2019

La nueva cabeza tiene más vello facial y una coleta pintada al dorso

El nuevo diseño de capa es exclusivo del Maestro Wu

¡El bastón aparece en más de 800 sets LEGO®!

NAVÍO DEL DESIERTO

A Wu le encanta ponerse al timón en la cubierta del *Navío de Tierra,* la última base móvil de los ninja. El barco es una mezcla del volador *Barco de Asalto Ninja* y el camión de seis ruedas DB X, ¡ideal para combatir a las Víboras Pyro en el Desierto de la Perdición!

WU VUELVE A SER ADULTO (tras su breve temporada como bebé) y, con su nueva y ancha capa, parece más diestro que nunca. Se culpa cuando Aspheera envía a Zane al Reino de Nunca Jamás, puesto que fue él quien enseñó a la serpentina hechicera casi todo el Spinjitzu que sabe!

EMPERADOR DE HIELO

SEÑOR DEL REINO DE NUNCA JAMÁS

FICHA NINJA

PASIÓN: Ser el rey de su castillo
AVERSIÓN: Que desafíen su gobierno
AMIGO: El General Vex
ENEMIGA: Akita
APTITUD: Spinjitzu Prohibido
EQUIPO: Pergamino del Spinjitzu prohibido

SET: Castillo del Emperador Olvidado
N.º DE SET: 70678
AÑO: 2019

Rostro desfigurado por poderes oscuros

Lleva el Pergamino del Spinjitzu Prohibido en una naginata

Armadura de estilo samurái con cristales de hielo

ZANE RECUPERADO

Cuando Lloyd le recuerda al Emperador de Hielo quién es en realidad, su reino llega a su fin. En cuanto Zane vuelve en sí, también recupera su atuendo ninja, que viste para pilotar el Shuricóptero (set 70673).

ESTE TEMIBLE SEÑOR del Reino de Nunca Jamás en realidad es Zane, el maestro del Hielo. Lleva muchas décadas lejos de su hogar y se ha olvidado de sus amigos. La oscura influencia del Spinjitzu Prohibido y del General Vex han convertido a este valiente ninja en un insensible tirano.

GENERAL VEX
MÁS HIEL QUE HIELO

Bigote glacial
a juego con
sus gélidos
rasgos

Una enorme astilla
de hielo atraviesa
su armadura por el
lugar donde debería
estar el corazón

HIELO Y FUEGO
Como auténtico dirigente a la
sombra del trono del Emperador
de Hielo, ¡Vex convence a Zane
para que cree un Castillo de Hielo
y un gran Dragón Elemental para
que lo custodie! Ambos aparecen
en el Castillo del Emperador
Olvidado (set 70678).

De la
armadura
cuelgan
carámbanos

¿LO SABÍAS?
Vex había sido un
Cambiaformas, como
Akita, pero abandonó
la tribu porque ningún
animal se le unió en la
«ceremonia de
elección».

CUANDO ZANE LLEGA al Reino de Nunca
Jamás con el Pergamino de Hielo del Spinjitzu
Prohibido, Vex urde un plan despiadado. Reinicia
a Zane para borrarle la memoria y lo convence
para que sea el Emperador de Hielo, con Vex
como su fiel consejero. ¡En este reino, el invierno
no es lo único amargo!

SAMURÁIS BLIZZARD

TROPAS TORMENTOSAS

FICHA NINJA

NOMBRE: Arquero Blizzard
SET: Castillo del Emperador Olvidado
N.º DE SET: 70678
AÑO: 2019

El hielo va cubriendo la armadura de este soldado

FICHA NINJA

NOMBRE: Maestro de Espadas Blizzard
SET: Titán Robot de Lloyd
N.º DE SET: 70676
AÑO: 2019

Casco de samurái con «astas» de hielo

Ballesta de los castillos LEGO® de la década de 1990

Las catanas azul eléctrico son de 2019

La cabeza traslúcida azul evoca su origen elemental

Armadura sobre un torso pintado como el del Arquero Blizzard

FICHA NINJA

NOMBRE: Guerrero Blizzard
SET: Viaje de Lloyd
N.º DE SET: 70671
AÑO: 2019

EL EMPERADOR DE HIELO ha creado una extensa guardia personal. Los Guerreros y Arqueros Blizzard vivían como soldados corrientes antes de que el Emperador los esclavizara, y los Maestros de Espadas Blizzard son seres elementales creados con los poderes del Spinjitzu Prohibido.

NYA SP

MAESTRA PROHIBIDA DEL AGUA

FICHA NINJA

PASIÓN: Ver que Kai recupera sus poderes
AVERSIÓN: Perder sus poderes acuáticos en un reino congelado
AMIGOS: Los ninja SP
ENEMIGAS: Víboras Pyro
APTITUD: Spinjitzu Prohibido
EQUIPO: Catana, daga de doble hoja

SET: Catana 4 × 4
N.º DE SET: 70675
AÑO: 2019

Las capuchas de energía ninja se estrenaron en 2019

La daga de doble hoja es otro elemento nuevo

La Maestra del Agua lleva un elegante motivo de olas

RODAR...
Cada uno de los ninja SP (Spinjitzu Prohibido) puede crear un vórtice poderosísimo a su alrededor. En los sets, este se representa con un spinner cónico con tacos por dentro, para poder fijar bien la minifigura ¡y luego hacerla girar hasta que sea un borrón!

LOS PERGAMINOS DEL SPINJITZU
Prohibido otorgan nuevos y asombrosos poderes con solo tocarlos. ¡Los ninja usan uno y sus niveles de energía Spinjitzu aumentan hasta dejarlos al rojo vivo! La capucha de Nya arde en un azul acuoso cuando libera sus nuevos dones supremos.

JAY SP
MAESTRO PROHIBIDO DEL RAYO

FICHA NINJA

PASIÓN: Caldear el Reino de Nunca Jamás
AVERSIÓN: Quemar tantos trajes
AMIGOS: Los ninja SP
ENEMIGO: General Vex
APTITUD: Spinjitzu Prohibido
EQUIPO: ¿Quién lo necesita cuando practica SP?

SET: Shuricóptero
N.º DE SET: 70673
AÑO: 2019

El turbante de energía arde como un relámpago amarillo

¿LO SABÍAS?
El primer maestro del Spinjitzu vedó el Spinjitzu Prohibido cuando vio cómo pervertía la mente de quien lo usara.

El atuendo no es muy distinto del traje estándar de Jay de 2019

De todos los ninja SP, solo las piernas de Jay son más oscuras que el blusón

… Y RODAR
Cuando Jay activa sus poderes SP en combate contra Vex, Zane obra su magia en su Shuricóptero blanco como la nieve, dotado de grandes shurikens giratorios a ambos lados, ¡para lanzarse rodando a la vertiginosa acción!

JAY ESTÁ ACOSTUMBRADO A ganarse sus habilidades mediante el entrenamiento y la disciplina, ¡no con un pergamino mágico! Sabe que el poder instantáneo sin maestría ni esfuerzo es algo peligroso, así que debe usar los Pergaminos del Spinjitzu Prohibido con mucho cuidado para no corromperse.

CÓLE SP
MAESTRO PROHIBIDO DE LA TIERRA

El rostro sereno puede cambiarse por uno decidido

Correa de hebilla de la bolsa con comida pintada al dorso

PROVOCAR UNA TORMENTA

Los spinners en forma de tornado de las minifiguras de los ninja SP son del color elemental de cada ninja. Todos se moldean en dos colores, uno de ellos transparente con purpurina dentro. El de Cole es negro y naranja traslúcido brillante, a juego con su ropa.

¿LO SABÍAS?

Secretos del Spinjitzu Prohibido es la temporada más larga de la serie televisiva de Ninjago, ¡con un total de 30 episodios!

COLE ARDE cuando usa los Pergaminos del Spinjitzu Prohibido. ¡Debe vigilar que esos poderes no lo consuman! Hasta una mente tan sensata como la suya podría enturbiarse con la promesa de nuevas y emocionantes dotes; recurre a su fuerza interior para no acabar sediento de poder como Aspheera.

NINJA SP

MAESTROS DEL SPINJITZU PROHIBIDO

Rostro metálico de titanio con expresión dura como el acero

¡Al fogoso Kai este traje le va como ninguno!

FICHA NINJA

NOMBRE: Kai SP
SET: Colmillo de Fuego
N.º DE SET: 70674
AÑO: 2019

Catana (¡por si fallaran los poderes SP!)

FICHA NINJA

NOMBRE: Zane SP
SET: Titán Robot de Lloyd
N.º DE SET: 70676
AÑO: 2019

Manos azul eléctrico como el cinturón

FICHA NINJA

NOMBRE: Lloyd SP
SET: Castillo del Emperador Olvidado
N.º DE SET: 70678
AÑO: 2019

¡La capucha de energía de Lloyd tiene un aire fantasmal!

Lloyd tiene brazos de distinto color

EL PODER DEL SPINJITZU PROHIBIDO afecta a todos los ninja, pero solo corrompe a Zane por culpa de un brote de amnesia. Kai recobra sus dotes robadas de Ninja del Fuego sin usar los Pergaminos del Spinjitzu Prohibido, pero desde entonces ha aprendido a dominar sus poderes de SP.

LLOYD SPINJITZU SLAM

¡MAESTRO DE ENERGÍA PROHIBIDA A TOPE!

Se puede escoger entre ojos estándar verdes o energizados

Lloyd lució su primera capucha dorada en 2013

Olas de energía también al dorso

¡UN SLAM PATAPAM!

Los sets de Spinjitzu Slam incluyen una minifigura especial ninja SP, un spinner y un lanzador para enviar al ninja volando contra varios objetivos. ¡Los blancos del set de Lloyd son tres torres de hielo de piezas LEGO, cada una rematada por una espada o araña!

¿LO SABÍAS?

Cole y Nya son las únicas minifiguras ninja que no aparecen en los sets de Spinjitzu Slam.

JUSTO CUANDO CREÍAS QUE los ninja ya no podían ser más poderosos, ¡aparece Lloyd con su nuevo equipo de Spinjitzu Slam! La energía del Spinjitzu Prohibido supura por todos los poros de su torso —y no solo por la capucha— ¡y puede arrojarse al aire y girar a través de cualquier obstáculo a su paso!

NINJA SPINJITZU SLAM
¡TRÍO DE TORNADO SP!

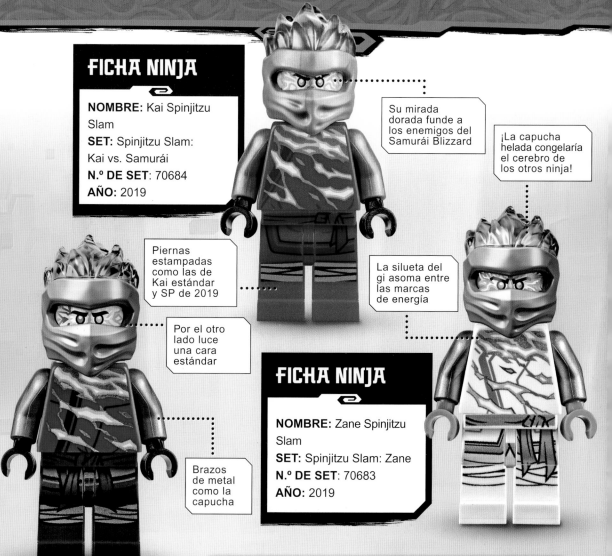

FICHA NINJA

NOMBRE: Kai Spinjitzu Slam
SET: Spinjitzu Slam: Kai vs. Samurái
N.º DE SET: 70684
AÑO: 2019

Su mirada dorada funde a los enemigos del Samurái Blizzard

¡La capucha helada congelaría el cerebro de los otros ninja!

Piernas estampadas como las de Kai estándar y SP de 2019

La silueta del gi asoma entre las marcas de energía

Por el otro lado luce una cara estándar

FICHA NINJA

NOMBRE: Zane Spinjitzu Slam
SET: Spinjitzu Slam: Zane
N.º DE SET: 70683
AÑO: 2019

Brazos de metal como la capucha

FICHA NINJA

NOMBRE: Jay Spinjitzu Slam
SET: Spinjitzu Slam: Jay
N.º DE SET: 70682
AÑO: 2019

LOS NINJA HAN APRENDIDO a usar sus nuevos poderes energéticos de SP para el bien en las competiciones de Spinjitzu Slam. Jay y Zane se enfrentan a lanzamisiles y muñecos de entrenamiento; Kai combate al Guerrero Blizzard con su tornado para recobrar el Pergamino del Spinjitzu Prohibido.

CAPÍTULO DOCE

NINJA VS. MAESTRO DEL JUEGO

¡ESTA AVENTURA ESTÁ A OTRO NIVEL!

CUANDO LOS NINJA ENTRAN EN EL mundo virtual Primer Imperio, todo es juego y diversión… ¡hasta que se dan cuenta de que se están quedando sin vidas! ¡Ahora el objetivo es encontrar tres Key-Tanas y vencer al jefazo del último nivel, Unagami!

JAY DIGITAL

CENTRADO EN EL JUEGO

Su cara alternativa tiene un visor con pantalla digital

La nueva hombrera es un premio del juego

Caminos en forma de circuitos surcan el nuevo traje

¿LO SABÍAS?

Para huir del mundo lúdico de Primer Imperio, los ninja deben reunir tres «Key-Tanas» (¡mitad llaves, mitad catanas!).

SOMBRERERA

Jay adora la ocasión de arreglarse que le brinda Primer Imperio. ¡En Mercado de Jugadores (set 71708) puede retocarse con sombrero vaquero, gorra de marinero, chistera o con los clásicos cascos de LEGO® Castle y LEGO® Space!

JAY ES EL PRIMER NINJA que juega a Primer Imperio y el primero en verse arrastrado a su mundo digital. Tras llevar a cabo una serie de endiabladas misiones, también es el primero en huir del juego, y al hacerlo se lleva consigo su ropa ninja mejorada a la ciudad de Ninjago.

LLOYD DIGITAL

PONIÉNDOSE AL DÍA

La cabeza con visor digital se gira y desvela sus ojos verdes

FICHA NINJA

PASIÓN: Cofres del botín
AVERSIÓN: Jefazos del último nivel
AMIGOS: Los ninja digitales
ENEMIGO: Harumi PNJ
APTITUD: Las carreras, inspirar a los PNJ
EQUIPO: Dao y catanas

SET: Vehículos Supremos de Jay y Lloyd
N.º DE SET: 71709
AÑO: 2020

Traje de diseño angular, acorde con un mundo de juegos artificial

UNA ESTELA VERDE

Para hacerse con una de las tres Key-Tanas, los ninja deben ganar la carrera Speedway Five-Billion. Para ello Lloyd elige una elegante moto verde que deja una estela de brillante energía tras de sí.

LLOYD, COLE, KAI Y NYA siguen a Jay al juego de Primer Imperio y pronto descubren que allí el Spinjitzu y los poderes elementales no funcionan. En su lugar, deben mejorar su posición en el juego para aumentar su fuerza y velocidad, ¡y ganar créditos para comprar armas y trajes geniales con visor digital!

NINJA DIGITALES
¡ESCOGE A TU JUGADOR!

FICHA NINJA

NOMBRE: Kai Digital
SET: Robot-Jet de Kai
N.º DE SET: 71707
AÑO: 2020

Las hojas que crean los controladores del juego son traslúcidas

FICHA NINJA

NOMBRE: Nya Digital
SET: Ciberdragón de Jay
N.º DE SET: 71711
AÑO: 2020

La barra de vidas muestra tres vidas

Las armas digitales estándar no son traslúcidas

Espadas y barra de vidas encajadas en las hombreras

FICHA NINJA

NOMBRE: Cole Digital
SET: Templo Imperial de la Locura
N.º DE SET: 71712
AÑO: 2020

Los controladores del juego pueden proyectar una serie de armas

Solo Cole tiene una armadura digital pintada en el pecho

COMO JUGADORES DE PRIMER IMPERIO, los ninja disponen de cuatro vidas. Pueden parecer muchas, ¡pero Primer Imperio es un lugar muy peligroso! Una barra de vidas sobre la cabeza de cada ninja muestra cuántas vidas les van quedando hasta que se acaba el juego.

UNAGAMI
SEÑOR DE PRIMER IMPERIO

Cada Key-Tana tiene una hoja de distinto color

Pese a su larga barba blanca, en el fondo Unagami es un niño asustado

Pieza de falda curva, inusual en las minifiguras de LEGO® NINJAGO®

FICHA NINJA

PASIÓN: Convertir a los jugadores en cubos de energía
AVERSIÓN: El desacato
AMIGOS: Todo al que pueda controlar
ENEMIGOS: Jugadores rebeldes
APTITUD: Aprende rápido
EQUIPO: Digilanza, Key-Tanas

SET: Dragón Imperial
N.º DE SET: 71713
AÑO: 2020

DESCARGA DRACONIANA
Cuando Unagami monta en cólera, invoca a su Dragón Imperial (o él mismo se convierte en uno). ¡Es una bestia negra con cuatro patas con garras, dos lanzamisiles en los hombros y una cola afilada como una catana cerrando la marcha!

PRIMER IMPERIO NACIÓ como un inofensivo juego de salón recreativo llamado *Unagami* (abreviatura inglesa de «Juego de aventuras sin terminar 1»). ¡Pero luego adquirió consciencia y se convirtió en el gobernante de su mundo lúdico! Y ahora quiere salir del juego para ir a Ninjago…

RED VISOR
CONTROLADOR DEL JUEGO

¡404 es un código de error en línea que todo jugador teme ver!

El visor vela su temible rostro acolmillado

FICHA NINJA

PASIÓN: Imponer las normas
AVERSIÓN: Acatar normas
AMIGOS: Drones volantes
ENEMIGOS: Los PNJ rebeldes
APTITUD: Coordinación y movilidad
EQUIPO: Catanas, blásteres láser

SET: Coche Ninja Tuneado
N.º DE SET: 71710
AÑO: 2020

404

¿LO SABÍAS?
Los que pierden todas sus vidas en Primer Imperio se vuelven cubos de energía para potenciar la Invasión de Ninjago por parte de Unagami.

BOCADOS MALVADOS
Los Red Visors son el cuerpo de ataque más visible de Unagami, pero en este juego todo puede ser un enemigo. Por ejemplo, ¡en el Templo Imperial de la Locura (set 71712), los ninja combaten a piezas de sushi con catanas!

El dibujo pixelado evoca datos que se están destruyendo

LOS RED VISORS son el ejército personal de Unagami, y pueden materializarse en cualquier lugar del juego. Los PNJ curtidos saben cómo evitar cruzarse con ellos, y los ninja aprenden pronto a hacer lo mismo. Los Red Visors no son muy listos, pero son implacables, ¡y no siempre juegan limpio!

AVATAR DE JAY

EL FAVORITO DE LOS FANS

Maquillaje
holográfico para
salir a escena

Chaqueta abierta
adornada con
tachuelas,
estrellas y
relámpagos

Piel azul glacial
para su alocado
look espacial

CABINA DE JUEGO

Cada set de cabina de juego
contiene dos minifiguras: un ninja
con ropa digital y el avatar de ese
mismo ninja. ¡Ambas vienen en
una caja portátil con forma de
máquina recreativa de Primer
Imperio!

¿LO SABÍAS?

El juego recreativo
Primer Imperio es
bastante seguro
hasta la pantalla 13.
¡Entonces se
te traga!

JAY ES TAN POPULAR que muchos
ciudadanos de Ninjago juegan a Primer Imperio
con avatares del Ninja del Rayo. Así que, para
descollar en el juego, Jay personaliza su imagen
dándole un toque de virtuoso de la guitarra.
¡Con su avatar de estrella del rock, demuestra
a los PNJ que pueden ser quienes quieran!

¡El avatar de Lloyd es aún más musculoso que el de Jay!

Pelo dorado para quien fuera el Ninja Dorado

Primera vez que aparece un bate de béisbol en un set de LEGO NINJAGO

FICHA NINJA

PASIÓN: Carrera Speedway Five-Billion
AVERSIÓN: Resultados de carrera preprogramados
AMIGOS: El mecánico Scott
ENEMIGOS: Whack Rats
APTITUD: Pasar desapercibido
EQUIPO: Controlador de Primer Imperio, bate de béisbol

SET: Cabina de Juego: Avatar de Lloyd
N.º DE SET: 71716
AÑO: 2020

¿LO SABÍAS?

Primer Imperio se compone de tres áreas principales de juego: «Tierra Técnica», «Tierra Karana» y «Tierra Domina».

POR LA PUERTA DE ATRÁS

Las cabinas de juego se construyen y todas se abren con una puerta de bisagras, como en las máquinas recreativas de Primer Imperio en la serie de NINJAGO. Esa puerta al fondo guarda una barra de vidas, armas y una cabeza de avatar.

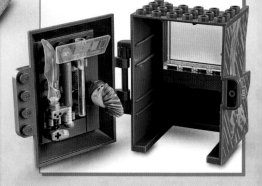

LLOYD EXPLORA la ciudad ciberpunk de «Tierra Técnica» y usa créditos de Primer Imperio para actualizar su imagen de juego. Su nuevo avatar encaja bien con las infames calles de la metrópolis, ¡donde locos pilotos de carreras se codean con los Red Visors y con ratas sabelotodo del tamaño de un ninja!

AVATAR DE ZANE ROSA

COLADA MEZCLADA

FICHA NINJA

PASIÓN: Que lo elijan para jugar a Primer Imperio
AVERSIÓN: Los 125 créditos que cuesta desbloquearlo
AMIGOS: Otros avatares
ENEMIGOS: Adversarios de juego
APTITUD: Depender de los jugadores
EQUIPO: Shurikens

SET: Mercado de Jugadores
N.º DE SET: 71708
AÑO: 2020

Los ojos parecen los de Zane, pero cualquier jugador puede ser como este avatar

Molde de la máscara ninja original en rosa por primera vez

Diseño de túnica rosa basado en la blanca original de Zane de 2011

COMO UNA ROSA

En uno de los primeros episodios de la serie televisiva de NINJAGO, que se estrenó en 2011, Zane luce ropa teñida de rojo. Pero en aquel entonces la versión rosa del Ninja del Hielo no se convirtió aún en minifigura, así que la versión de 2020 es única.

ZANE ES EL ÚNICO NINJA que no se adentra en Primer Imperio, pues correría el riesgo de que el código del juego borrara su programación nindroide. ¡Sin embargo, en el Mercado de Jugadores hay disponible una versión con su *look* basada en aquella vez que su ropa blanca se lavó con la roja de Kai!

AVATARES NINJA

ELIGE UNO Y JUEGA

Su exagerado peinado llameante es inconfundible también en rubio

La dinamita es el arma predilecta de Kai en el juego

Una máscara de buzo oculta su rostro a los Red Visors

Clásico traje de neopreno, ideal para la Maestra del Agua

FICHA NINJA

NOMBRE: Avatar de Kai
SET: Cabina de Juego: Avatar de Kai
N.º DE SET: 71714
AÑO: 2020

¡El bigote de su avatar es tan poblado como las cejas!

Al Ninja de la Tierra le gusta el *look* de obrero de pico y pala

FICHA NINJA

NOMBRE: Avatar de Cole
SET: Mercado de Jugadores
N.º DE SET: 71708
AÑO: 2020

FICHA NINJA

NOMBRE: Avatar de Nya
SET: Mercado de Jugadores
N.º DE SET: 71708
AÑO: 2020

DISEÑAR TU AVATAR en Primer Imperio no solo consiste en parecer distinto, sino en crear un personaje que te dé seguridad en el juego. Kai, Cole y Nya se sienten la mar de seguros como ninja, pero, cuando pueden gastar créditos del juego, ¡les apetece probar con otros *looks*!

OKINO

SAMURÁI SIMULADO

Pelo negro recogido igual que el cabello blanco de Unagami

En la bolsa guarda los créditos

Dao plateado de la armería de Okino, siempre bien surtida

¿LO SABÍAS?

En 2020 se pudo disfrutar de un auténtico juego Primer Imperio en LEGO.com, pero nadie se quedó atrapado dentro.

OKINO Y COMPAÑÍA

En el Mercado de Jugadores, Okino dirige una armería donde los jugadores de Primer Imperio pueden comprar coloridas catanas y otras armas de estilo samurái. ¡Nunca para de recordar a los clientes que las cuchillas giratorias sobre la tienda no están a la venta!

LA LABOR DE OKINO es guiar a los guerreros a través de los desafíos de Primer Imperio, de ahí que sea uno de los Personajes No Jugadores más importantes del juego. Al saber que su existencia forma parte de un juego, se queda estupefacto, pero los ninja le enseñan a vivir al margen de su programación.

SCOTT
MISTERIOSO MECÁNICO

El diseño de dragón se prolonga en la espalda

El sombrero y la capucha son una sola pieza LEGO®

FICHA NINJA

PASIÓN: Mejorar cosas
AVERSIÓN: Correr riesgos innecesarios
AMIGOS: Los ninja y la Liga de los Jays
ENEMIGOS: Red Visors
APTITUD: Detectar y arreglar fallos de diseño
EQUIPO: Hoz digital

SET: Mercado de Jugadores
N.º DE SET: 71708
AÑO: 2020

¿LO SABÍAS?
El diseñador de juegos Milton Dyer creó Primer Imperio, pero dejó de trabajar en él cuando desapareció Scott.

PRIMER CANDIDATO
Scott fue la primera persona en ser arrastrada a Primer Imperio. Como joven probador de *software*, jugó su partida piloto ¡y ya no se lo volvió a ver en Ninjago!

A SCOTT SOLO LE QUEDA UNA VIDA, así que en Primer Imperio ha aprendido a ser un jugador cauto. Repara coches de carreras para otros en lugar de pilotarlos él. Pero, cuando conoce a los ninja, accede a arriesgarlo todo, pues ellos le enseñan a luchar contra su antiguo enemigo, Unagami.

AVATAR DE HARUMI

JEFAZA DE FINAL DE NIVEL

Este PNJ tiene el mismo pelo y maquillaje que la auténtica Harumi

¿LO SABÍAS?

Lloyd se da cuenta de que esta no es la verdadera Harumi cuando el avatar no recuerda los detalles de su primera cita.

FICHA NINJA

PASIÓN: Ganar
AVERSIÓN: No tener los recuerdos de la auténtica Harumi
AMIGO: Unagami
ENEMIGO: Lloyd, su única razón para existir
APTITUD: Imitación, manipulación
EQUIPO: Catana

SET: Mercado de Jugadores
N.º DE SET: 71708
AÑO: 2020

MERCADO DE FIGURAS

El avatar de Harumi es una de las numerosas minifiguras del set de 218 piezas Mercado de Jugadores, bullicioso mercado virtual que brinda una de las escenas más pobladas de los sets de NINJAGO, con nueve minifiguras.

Traje naranja con listas negras, una combinación que suele evocar peligro

LA VERDADERA HARUMI desapareció hace mucho, pero sigue viva en la memoria de Lloyd. Unagami crea un Personaje No Jugador que se parece a Harumi para dejar al Ninja Verde fuera de juego. Cuando esta falsa enemiga se interpone entre él y la última Key-Tana, Lloyd no tiene más remedio que combatirla.

LOS PNJ
PERSONAJES NO JUGADORES

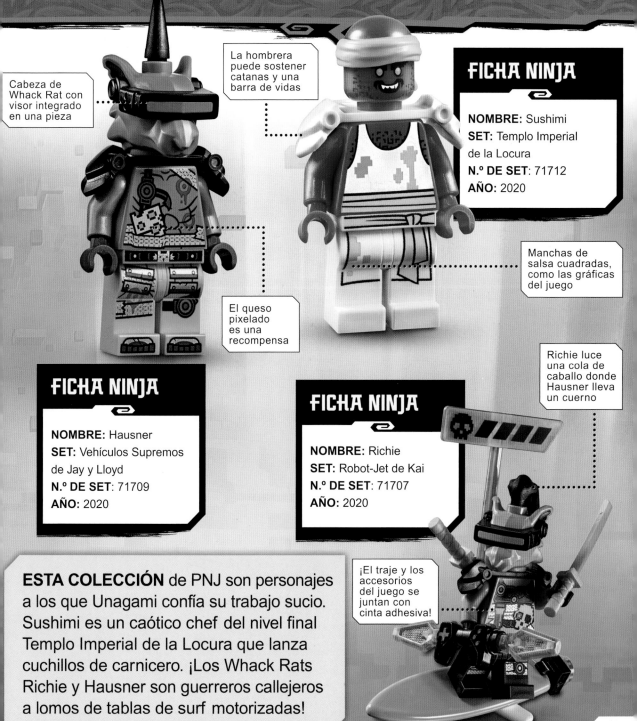

Cabeza de Whack Rat con visor integrado en una pieza

La hombrera puede sostener catanas y una barra de vidas

El queso pixelado es una recompensa

FICHA NINJA

NOMBRE: Sushimi
SET: Templo Imperial de la Locura
N.º DE SET: 71712
AÑO: 2020

Manchas de salsa cuadradas, como las gráficas del juego

Richie luce una cola de caballo donde Hausner lleva un cuerno

FICHA NINJA

NOMBRE: Hausner
SET: Vehículos Supremos de Jay y Lloyd
N.º DE SET: 71709
AÑO: 2020

FICHA NINJA

NOMBRE: Richie
SET: Robot-Jet de Kai
N.º DE SET: 71707
AÑO: 2020

¡El traje y los accesorios del juego se juntan con cinta adhesiva!

ESTA COLECCIÓN de PNJ son personajes a los que Unagami confía su trabajo sucio. Sushimi es un caótico chef del nivel final Templo Imperial de la Locura que lanza cuchillos de carnicero. ¡Los Whack Rats Richie y Hausner son guerreros callejeros a lomos de tablas de surf motorizadas!

CAPÍTULO TRECE

NINJA VS. BRUJO DE LOS MUERTOS

¡YA ES HORA DE PASAR DEL NIVEL 13 AL CAPÍTULO 13!

A PRIMERA VISTA, la Ciudad de Shintaro, en lo alto de una montaña, parece un destino de ensueño. Pero al escarbar un poco los ninja descubren el oscuro mundo del Brujo de los Muertos y sus invencibles Guerreros Desvelados!

EL HÉROE COLE
DESENTRAÑAR MISTERIOS

FICHA NINJA

PASIÓN: Hacer que su madre esté orgullosa de él
AVERSIÓN: Fosos
AMIGA: Princesa Vania
ENEMIGOS: Brujo de los Muertos, Guerreros Desvelados
APTITUD: Trabajo en equipo
EQUIPO: Maza, escudo, Espadas de la Liberación

SET: Mazmorras del Brujo de los Muertos
N.º DE SET: 71722
AÑO: 2020

Babera en lugar de su máscara ninja

La nueva hombrera también protege la espalda

Un brazo desnudo para maniobrar

LIRIO DEL MONTE

Cuando Lilly, la madre de Cole, visitó el Monte Shintaro, blandió las dos Espadas de la Liberación para derrotar a un dragón intruso. Hoy esas armas especiales han sido robadas, ¡y Cole y los ninja deben encontrarlas!

¿LO SABÍAS?

El Reino de Shintaro es una hermosa ciudad situada en lo alto del Monte Shintaro, y también se llama Ciudad de Marfil.

Espada de la Liberación de la Sombra

EN EL REINO DE SHINTARO, Cole viste un atuendo que es una combinación entre ninja y caballero. Su recia armadura es ideal para explorar el sistema cavernario oculto bajo la ciudad real. Solo allí logrará desentrañar el misterio del paso de su madre por Shintaro cuando era la Maestra de la Tierra.

EL HÉROE WU

TODAVÍA ESENCIAL

FICHA NINJA

PASIÓN: Sus uniformes
AVERSIÓN: Sentirse inútil
AMIGOS: Cole, Chompy
ENEMIGO: Brujo de los Muertos
APTITUD: Siempre tiene sabiduría para compartir
EQUIPO: Espada de la Liberación de Marfil

SET: Dragón de Batalla de Wu
N.º DE SET: 71718
AÑO: 2020

La hombrera con púas disuade al adversario... ¡y a los loros!

Las Espadas de la Liberación tienen pomos en forma de calavera

Wu lleva la Espada de la Liberación de Marfil

¡UN DRAGÓN GRANDÓN!

El dragón que Wu monta en Shintaro fue en su día la mascota de la Princesa Vania. Esta montura, llamada Chompy, era muy pequeña, ¡pero ahora es grande hasta para los aposentos reales!

DESPUÉS DE MUCHOS AÑOS como el amigo más sabio y maestro de los ninja, ¡a Wu le preocupa que ya no lo necesiten! Pero lo cierto es que, cuando llegan a Shintaro, lo necesitan más que nunca. La nueva imagen de Wu refleja esa renovada sensación de verse útil en ese extraño reino montañoso.

EL HÉROE ZANE

FRÍO CABALLERO EN SHINTARO

¡OH, SOLE MINO!
Los descomunales Minos sirven de caballos de tiro en las minas secretas de los montes de Shintaro. El de Zane acaba siendo un corcel leal, y él monta a esa especie de rinoceronte en la batalla contra el Brujo de los Muertos.

¿LO SABÍAS?
Mientras Wu y los ninja están en Shintaro, Misako y P.I.X.A.L. mantienen a salvo la ciudad de Ninjago.

Escudo del león dorado, a juego con su nueva armadura dorada

La ballesta ha aparecido en más de 125 sets desde 1990

FICHA NINJA

PASIÓN: Ver sitios nuevos
AVERSIÓN: Estar lejos de P.I.X.A.L.
AMIGO: Su glorioso Mino
ENEMIGO: Brujo de los Muertos
APTITUD: Empatía
EQUIPO: Ballesta, escudo

SET: Criatura Mino de Zane
N.º DE SET: 71719
AÑO: 2020

LA NUEVA ARMADURA DE ZANE le queda como un guante, ¡pero eso no se puede decir de todo el mundo en Shintaro! Cuando Zane conoce a Mino –una bestia de montaña– comprende que su mal carácter se debe a la incómoda armadura que le han puesto. Cuando lo libera, se hacen grandes amigos.

LA HEROÍNA NYA

¡REINA DE LOS MUNCE!

Su rostro serio puede cambiarse por un gesto de placer

Los adornos de la armadura parecen ríos subterráneos

La piel bajo la armadura es cómoda y calentita

FICHA NINJA

PASIÓN: Ser un ninja
AVERSIÓN: Ser una reina
AMIGOS: Wu, Jay y el resto de ninja
ENEMIGOS: Brujo de los Muertos, Guerreros Desvelados
APTITUD: Batirse en duelo, poner paz
EQUIPO: Lanza y escudo

SET: Viaje a las Mazmorras Calavera
N.º DE SET: 71717
AÑO: 2020

¿LO SABÍAS?

¡Mientras Nya se convierte en la Reina de los Munce, Kai es elegido líder de los Geckles!

¡TODOS A LA MESA!

El set 71717 también hace las veces de juego de mesa de LEGO® NINJAGO®. Cada paso se decide lanzando un spinner... ¡con Nya dentro! Otros tres sets de Shintaro funcionan igual, y se combinan para crear un juego enorme.

BAJO SHINTARO, Nya conoce a la tribu de los Munce, que se parecen a trolls, ¡y se convierte por azar en su reina! En realidad no quiere serlo, pero pronto se pone a la altura de las circunstancias. Gracias a su liderazgo, los Munce hacen las paces con sus viejos enemigos, los morados elfos Geckles.

LOS HÉROES NINJA
NINJA DE BRILLANTE ARMADURA

Un dragón de plata decora su escudo

La espada de hoja curva es una pieza de machete

Lloyd blande una espada plateada, pero con su habitual pomo dorado

El diseño de león distingue a Kai como líder de los Geckles

EN SHINTARO, EL COLOR de la armadura de un ninja lo determina quien se la otorga. Jay y Lloyd llevan trajes plateados hechos por los Munce. Por su parte, Kai luce un atuendo dorado creado por los Geckles. Los Munce llevan un dragón plateado en sus escudos, y los Geckles, un león dorado.

BRUJO DE LOS MUERTOS

¡EL ESCALOFRIANTE SECRETO DE SHINTARO!

La máscara se levanta y desvela la cara del rey Vangelis

Es la primera minifigura de NINJAGO con alas

La parte inferior del cuerpo es como la de Unagami, pero con otro estampado

FICHA NINJA

PASIÓN: Vivir en Shintaro
AVERSIÓN: Los Munce y los Geckles
AMIGOS: Los Guerreros Desvelados
ENEMIGOS: Wu y los ninja
APTITUD: La brujería y el engaño
EQUIPO: Cráneo de Hazza D'Ur

SET: Mazmorras del Brujo de los Muertos
N.º DE SET: 71722
AÑO: 2020

USA BIEN LA CABEZA

El rey Vangelis adopta su forma alada con el cráneo de Hazza D'Ur. ¡Cuando sostiene esa antigua reliquia, obtiene los poderes de ese oscuro brujo muerto hace mucho, y hasta puede infundir vida a viejos y polvorientos esqueletos!

SHINTARO PARECE la ciudad perfecta, pero su rey, Vangelis, tiene un secreto: lleva una doble vida como el malvado Brujo de los Muertos, que ha esclavizado a las tribus subterráneas del reino y las ha obligado a extraer Vengarroca. Como tal, ¡Vangelis luce una máscara espectral y vuela con alas de murciélago!

GUERRERO DESVELADO

SIERVO DEL BRUJO DE LOS MUERTOS

El casco recuerda al Lord Garmadon retro

Dentro del cráneo reluce energía verde

Los Guerreros Desvelados son todos idénticos

FICHA NINJA

PASIÓN: Acatar órdenes
AVERSIÓN: Que los tomen por Esqueletos
AMIGOS: Otros Guerreros Desvelados
ENEMIGOS: Los ninja
APTITUD: Recomponerse
EQUIPO: Lanzas de Vengarroca

SET: Dragón del Brujo de los Muertos
N.º DE SET: 71721
AÑO: 2020

UNA TRIPULACIÓN EN LOS HUESOS

El Brujo de los Muertos no solo revive a los Guerreros Desvelados. Con el mágico Cráneo de Hazza D'Ur, también reanima los huesos del Portador de Pesares, el gran dragón al que en su día derrotó la madre de Cole.

LOS NINJA COMPARTEN casi tanta historia con los Esqueletos como con las serpientes, ¡pero jamás habían visto algo así! Los Guerreros Desvelados, revividos por el Brujo de los Muertos, pueden reconstruir sus huesudos cuerpos cuando pierden un miembro, ¡con lo cual son casi invencibles!

MURT
MUNCE MANIPULADO

La cola alta acentúa su imponente estatura

Los Munce tienen la piel verde con marcas azules

Mismo estilo de armadura que los Cazadores de Dragones

¿LO SABÍAS?

¡A los Munce les gusta adoptar forma de bola y rodar hasta los pies de sus enemigos para confundirlos!

FICHA NINJA

PASIÓN: Cosas brillantes
AVERSIÓN: Pensar
AMIGOS: Otros Munce
ENEMIGOS: Los Geckles
APTITUD: Cavar y rodar
EQUIPO: Hacha para romper piedra

SET: Viaje a las Mazmorras Calavera
N.º DE SET: 71717
AÑO: 2020

DOS MUNCE MUY MUNCE

Es posible que Murt y su compañero Moe estén emparentados. Ambos Munce se parecen mucho, y en el set Robot Rocollameante (set 71720) solo los distingue la hombrera de Murt.

A LOS MUNCE les han engañado para que crean que los Geckles son el enemigo. Murt vive en las entrañas del Monte Shintaro, donde su pueblo habitó de forma pacífica con la otra tribu en el pasado. Cuando conoce a los ninja, descubre que el Brujo de los Muertos ha estado mintiendo a ambos bandos.

GLECK
GECKLE BRILLANTE

La ballesta dispara tacos LEGO®

Grandes orejas puntiagudas: los Geckles saben escuchar

FICHA NINJA

PASIÓN: Beber leche de musgo
AVERSIÓN: Que lo ignoren
AMIGOS: Lilly, Cole
ENEMIGO: Brujo de los Muertos
APTITUD: Pensamiento crítico, carreras de babosas
EQUIPO: Ballesta

SET: Dragón de Batalla de Wu
N.º DE SET: 71718
AÑO: 2020

NO HAY VUELTA DE HOJA
Muy pocos Geckles comparten la opinión positiva que Gleck tiene de los Munce. Por ejemplo, Ginkle, armado con sus sai, está convencido de que los Munce robaron la Espada de la Liberación de los Geckles ¡y no merecen el perdón!

¿LO SABÍAS?
Todos los nombres de los Munce empiezan por «M», y los de los Geckles, por «G».

Las piernas cortas les permiten entrar en cuevas y túneles angostos

GLECK ES UNO de los Geckles más listos, y no se cree que su tribu de pequeños seres morados deba luchar contra los Munce. Hace años ayudó a la madre de Cole a derrotar al dragón que amenazaba el Monte Shintaro, y hoy desea ayudar a Cole en todo lo que pueda.

PRINCESA VANIA

REBELDE REAL

Vania es la primera minifigura de NINJAGO que lleva este pelo

El pueblo de la Princesa Vania tiene la piel clara y pómulos prominentes

BASE DEL CRÁNEO

El Brujo de los Muertos dirige su mina de Vengarroca bajo el palacio real. Vania y los ninja deben evitar sus mazmorras y entrar en su sanctasanctórum en forma de cráneo para vencer.

El estampado de nubes pega bien con su hogar en la cima del monte

¿LO SABÍAS?

La Princesa Vania es una gran admiradora del explorador Clutch Powers, y suele citar frases de sus libros.

LA PRINCESA VANIA SUELE DIFERIR

de su padre, el rey Vangelis, ¡pero aun así se sorprende al saber que él es el Brujo de los Muertos! Y todavía se sorprende más cuando Vangelis la destierra a su mina de Vengarroca. Vania se une a los ninja y los ayuda a procurar un futuro mejor y más justo para Shintaro.

SPINJITZU EXPLOSIVO

NUEVAS TÉCNICAS NINJA

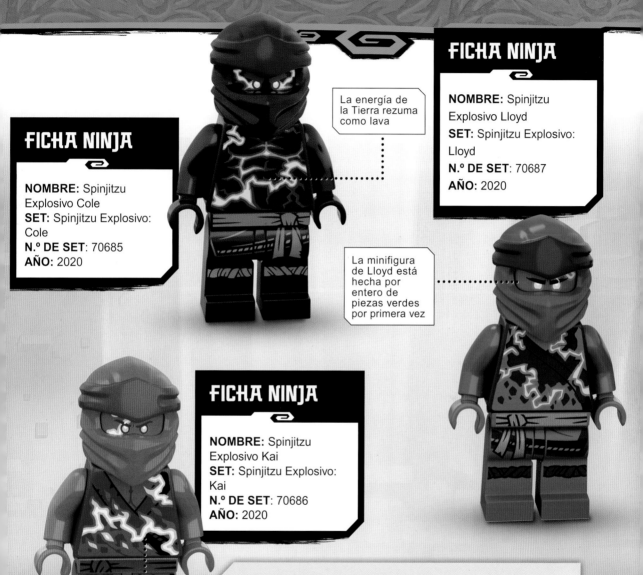

FICHA NINJA

NOMBRE: Spinjitzu Explosivo Cole
SET: Spinjitzu Explosivo: Cole
N.º DE SET: 70685
AÑO: 2020

La energía de la Tierra rezuma como lava

FICHA NINJA

NOMBRE: Spinjitzu Explosivo Lloyd
SET: Spinjitzu Explosivo: Lloyd
N.º DE SET: 70687
AÑO: 2020

La minifigura de Lloyd está hecha por entero de piezas verdes por primera vez

FICHA NINJA

NOMBRE: Spinjitzu Explosivo Kai
SET: Spinjitzu Explosivo: Kai
N.º DE SET: 70686
AÑO: 2020

¡Por suerte, la ropa del Ninja del Fuego es ignífuga!

COLE ES EL PRIMER Maestro Elemental después de su madre en liberar la técnica del Spinjitzu Explosivo. Esa explosión de energía solo se da cuando el ninja está rodeado por su elemento, como cuando Cole, Ninja de la Tierra, está dentro del Monte Shintaro. Más tarde también la liberan los otros ninja.

LLOYD DE LA ISLA
REGRESO A LA NATURALEZA

FICHA NINJA

PASIÓN: Practicar técnicas de supervivencia
AVERSIÓN: Que su madre desaparezca
AMIGA: ¡La Naturaleza!
ENEMIGOS: Los Guardianes del Amuleto
APTITUD: Camuflaje
EQUIPO: Catana, espada dorada, hueso de dragón

SET: Chopper de la Jungla de Lloyd
N.º DE SET: 71745
AÑO: 2021

Un hueso de dragón es un arma simple pero eficaz

Pintura de camuflaje hecha de barro y plantas

¿LO SABÍAS?
Misako y el Maestro Wu decidieron explorar la isla junto con el famoso aventurero Clutch Powers.

Las hojas del cinturón sirven para camuflarse o como alimento

OLAS Y ARENA
La chopper de Lloyd es genial para desplazarse por la isla. Sus ruedas de bugui están hechas para terrenos arenosos y rocosos, y su parte superior se separa para surfear en el agua… ¡o en el cielo!

WU Y MISAKO se pierden en una isla inexplorada, y Lloyd lidera a los ninja en una misión para encontrarlos. En la isla, la misma gente que retiene a Misako y a Wu captura a los otros ninja, pero Lloyd consigue librarse. ¡Debe adaptarse rápido y aprender a vivir como un isleño!

209

NYA DE LA ISLA
EN SU ELEMENTO

La máscara y la armadura aportan altura a la minifigura

Torso con estampado de olas sutil y estilizado

¿LO SABÍAS?
Unas extrañas y constantes tormentas eléctricas han frustrado los intentos anteriores de explorar la isla.

Clip de cinturón para arnés de escalada

FICHA NINJA

PASIÓN: Navegar a rincones ignotos
AVERSIÓN: No saber dónde está el Maestro Wu
AMIGO: Zippy
ENEMIGOS: Los Guardianes
APTITUD: Mentalidad abierta
EQUIPO: Catana, espada de doble filo

SET: Chopper de la Jungla de Lloyd
N.º DE SET: 71745
AÑO: 2021

UN DRAGÓN DEVOTO
El compañero aguamarina de Nya corre al rescate de Lloyd y Zane en Dragón de la Jungla (set 71746). Pese a sus temibles cuernos, dientes y garras, es una criatura muy simpática. Los ninja lo llaman Zippy.

EN UNA ISLA, RODEADA DE MAR, la maestra del Agua Nya es fundamental para el triunfo de los ninja. Mientras el resto del equipo se mantiene alerta ante el acecho de un nuevo enemigo, Nya halla un nuevo amigo con forma de dragón aguamarina que después los ayudará.

NINJA DE LA ISLA

EN BUSCA DE UNA NUEVA IMAGEN

Catana en su vaina; solo para la lucha cuerpo a cuerpo

FICHA NINJA

NOMBRE: Zane de la isla
SET: Dragón de la Jungla
N.º DE SET: 71746
AÑO: 2021

FICHA NINJA

NOMBRE: Cole de la isla
SET: Aldea de los Guardianes
N.º DE SET: 71747
AÑO: 2021

Cuchilla de empuñadura larga para abrirse paso entre la maleza

Pañuelo para que cabello y sudor no entren en los ojos

FICHA NINJA

NOMBRE: Kai de la isla
SET: Aldea de los Guardianes
N.º DE SET: 71747
AÑO: 2021

Poderoso Amuleto de la Tormenta de los isleños

Cinturón lleno de baterías de recambio

Machetes dorados

LOS SEIS NINJA viajan a la isla, y todos ayudan a desentrañar sus secretos. Dotados de nuevas herramientas y nueva ropa de aventura, no solo dan con sus amigos desaparecidos –Misako y Wu–, ¡sino con una aislada tribu guerrera que se desvive por proteger un antiguo amuleto!

JAY DE LA ISLA

UN TALENTO EXCEPCIONAL

FICHA NINJA

PASIÓN: Recibir tratamiento especial

AVERSIÓN: La idea de que se lo coman

AMIGOS: Los Guardianes del Amuleto (al principio)

ENEMIGOS: ¡Todo lo que quiera comérselo!

APTITUD: Ser positivo

EQUIPO: Catana, espada nunchaku

SET: Batalla Naval en Catamarán

N.º DE SET: 71748

AÑO: 2021

Pañuelo moldeado en la nueva pieza de pelo

¿LO SABÍAS?
Cuenta la leyenda que en el pasado Wojira gobernó los mares de Ninjago con un par de poderosos amuletos.

Botella de agua en el cinturón

Bolsillo extra sujeto a la pierna con correa

¡TODOS A LA MAR!
Los Guardianes están listos para entregar a Jay como aperitivo a Wojira y lo arrojan al mar en un barco en forma de jaula. Sin modo de escapar, ¡Jay solo espera que el monstruo sea una leyenda isleña!

CUANDO EL NINJA DEL RAYO conoce a los isleños, se cree que lo tratan a cuerpo de rey. Los misteriosos Guardianes están encantados de verlo y lo llaman el «Regalo de Jay». ¡Pero en realidad lo que tienen en mente es regalar a Jay al monstruo marino de la isla como bocado ceremonial!

JEFE MAMMATUS
REY DE LOS GUARDIANES

El tocado dorado se hereda de jefe en jefe

GRANDES HERMANOS
Además de dragones y Guardianes, la isla es hogar de unas estatuas vivientes llamadas Golems de Piedra. El Primer Maestro del Spinjitzu creó a estos custodios para proteger el Amuleto de la Tormenta, ¡y los poderes elementales no pueden detenerlos!

¿LO SABÍAS?
Según la tradición de los Guardianes, ¡todo el que contemple el Amuleto de la Tormenta no podrá salir de la isla!

Armadura ritual con Wojira, la poderosa serpiente marina

FICHA NINJA

PASIÓN: Lucir tocado
AVERSIÓN: Cepillarse los dientes
AMIGO: PoulErik
ENEMIGOS: Los forasteros
APTITUD: Liderazgo, lealtad
EQUIPO: Bastón del relámpago

SET: Aldea de los Guardianes
N.º DE SET: 71747
AÑO: 2021

Todos los Guardianes del Amuleto tienen la piel malva

MAMMATUS ES EL ÚLTIMO de un antiguo linaje de gobernantes que juraron proteger el Amuleto de la Tormenta, un artefacto que el Primer Maestro del Spinjitzu dio a sus ancestros antes de que existiera la isla de Ninjago. Como todo Guardián del Amuleto, ¡quiere parecer muy duro ante los forasteros!

POULERIK

CACIQUE DE MAMMATUS

La cabeza airada lleva pintura de guerra morada

Sonriente cabeza inferior con marcas blancas

Las hoces son de hueso y madera, como casi todas las armas de los Guardianes

FICHA NINJA

PASIÓN: Tener dos cerebros
AVERSIÓN: Las jaquecas
AMIGOS: El Jefe Mammatus
ENEMIGOS: El Dragón de la Jungla
APTITUD: Observación
EQUIPO: Dos hoces de hueso

SET: Dragón de la Jungla
N.º DE SET: 71746
AÑO: 2021

CARA A CARA

El bifacial PoulErik está bien equipado para lanzarse a luchar cara a cara contra dos ninja en el set Dragón de la Jungla. Con un par de ojos vigila a Lloyd, a lomos del dragón, y con el otro a Zane, que corta el aire con su balsa.

¿LO SABÍAS?

Fangdam y Fangtom fueron los primeros personajes bicéfalos de NINJAGO®, pero PoulErik es el primero con dos cabezas de minifigura.

ESTE GUARDIÁN DEL AMULETO es la mano derecha del Jefe Mammatus. PoulErik se ha abierto paso entre las filas de su tribu y ahora está una cabeza (bueno, dos) por encima de sus compañeros isleños. Con dos bocas, siempre tiene algo que decir... ¡aunque no siempre está de acuerdo consigo mismo!

GUARDIÁN DEL TRUENO
HACEDOR DE TORMENTAS

Los dibujos se inspiran en los dragones de la isla

Colmillos pintados. ¡Solo exageran un poquito los del Guardián!

DÍAS ATRONADORES
En Dragón de la Jungla (set 71746), un Guardián del Trueno trata de mantener el Amuleto de la Tormenta lejos de los ninja. Este antiguo artefacto suele estar en la Aldea de los Guardianes, donde otro Guardián del Trueno custodia el tesoro de la tribu en una cueva.

¿LO SABÍAS?
La pieza especial del Amuleto de la Tormenta se incluye en todos los sets de la isla lanzados en 2021.

Armadura de corteza, enredadera y espinas

FICHA NINJA

PASIÓN: Tormentas eléctricas
AVERSIÓN: Cielo despejado y mar en calma
AMIGOS: Otros Guardianes del Trueno
ENEMIGO: Ninja del Rayo
APTITUD: Dirigir ceremonias
EQUIPO: Hoz de hueso, lanza y máscara

SET: Aldea de los Guardianes
N.º DE SET: 71747
AÑO: 2021

¡TRAS SU TEMIBLE MÁSCARA hay un isleño igual de aterrador! Pero no es que esté de mal humor; simplemente se toma su trabajo muy en serio. Con sus cantos y rituales, ¡los Guardianes del Trueno conjuran tormentas que rodean la isla y les piden que asusten sin fin a los visitantes indeseables!

RUMBLE KEEPER

GUARDIÁN HUMILDE

FICHA NINJA

PASIÓN: Proteger su isla
AVERSIÓN: Los ataques al Amuleto de la Tormenta
AMIGOS: Otros Guardianes como él
ENEMIGOS: Extraños en busca de emociones
APTITUD: Jardinería
EQUIPO: Lanza y escudo

SET: Chopper de la Jungla de Lloyd
N.º DE SET: 71745
AÑO: 2021

Escudo con la serpiente marina

LISTOS PARA ARMAR RUIDO

Este Guardián es solo uno de los enemigos a los que se enfrentan los ninja en la Batalla Naval en Catamarán (set 71748). ¡Los Guardianes navegan en barcos impulsados por rayos, y Kai, en su catamarán del color de las llamas!

¿LO SABÍAS?

En la serie de televisión de NINJAGO, ¡el codicioso explorador Clutch Powers causa estragos en la isla!

La misma ropa que la de los Guardianes del Trueno y PoulErik

LOS GUARDIANES COMO ESTE son los Guardianes del Amuleto de rango más bajo, pero su labor en la isla sigue siendo esencial. En calidad de custodios y jardineros, conservan el equilibrio natural de su aislado hogar, a veces atendiendo las flores ¡y otras manteniendo a raya a Clutch Powers!

EN 2021, los fans de LEGO® del mundo entero celebraron el 10.º aniversario del tema LEGO® NINJAGO®. Y el LEGO Group también festejó la ocasión por todo lo alto: ¡con minifiguras de una edición limitada muy especial a las que vistió de dorado de la cabeza a los pies!

¡DIEZ AÑOS Y NO PAREZCO NI UNA PIZCA MÁS VIEJO!

KAI DORADO

ARMADURA DE ANIVERSARIO

Turbante visto por primera vez en los sets de 2019

La explosión estelar, símbolo de la «K» en lengua Ninjago

PARA JUGAR Y MOSTRAR
Cada minifigura del décimo aniversario se halla en un solo set de 2021 y se acompaña de armas doradas, una base montable para exponerla y una pieza dorada con el logo «10 años de NINJAGO».

Cada ninja dorado luce el mismo fajín y cintas en las piernas

AL MAESTRO DEL FUEGO le corresponde encender las velas del pastel de celebración del 10.º aniversario de LEGO® NINJAGO®. Su ropa dorada como una llama es del mismo color que la de sus minifiguras compañeras de aniversario, pero con toques rojos y motivos de llamas únicos. ¡Sin duda le ha sacado brillo a su imagen!

EL LEGADO DE NINJAGO

Esta minifigura de Lloyd de edición especial aparece en el elaborado set Legacy del Torneo de los Elementos (set 71735), una apropiada celebración de las mayores victorias de los ninja.

El pelo con pañuelo es una nueva pieza de 2021

La capa interior de ropa evoca las escamas de un dragón

El diseño de cabeza de dragón representa la energía elemental

¿LO SABÍAS?

Antes de esta minifigura de aniversario, ya habían aparecido variantes del Ninja Dorado Lloyd original en seis sets.

LLOYD MARCA LA PAUTA cuando se trata de ropa dorada. Él fue el primer Ninja Dorado en 2013, ¡y por entonces también tenía una cabeza dorada! Esta minifigura de aniversario es exclusiva de un solo set de 2021, en el que Lloyd lleva dos catanas doradas, ¡armas con las que está más que familiarizado!

NINJA DORADOS

EL EQUIPO AL COMPLETO

JAY DORADO LEGACY

Su capucha dorada tiene un visor digital estilo ninja

Catanas doradas a juego

Motivos de relámpagos decoran un lado de su atuendo

Dibujos de ondas en ropa y cinturón

El pelo con pañuelo azul es una pieza nueva de 2021

NYA DORADA LEGACY

PUEDE QUE LLOYD SEA EL NINJA

Dorado original, ¡pero ahora todo el mundo se apunta al carro! El resto del equipo ninja obtiene su equipo dorado en 2021 en sets especiales únicos. ¿Qué harán estos héroes para superarse en su vigésimo aniversario en el año 2031?

NINJA DORADOS

EL EQUIPO AL COMPLETO

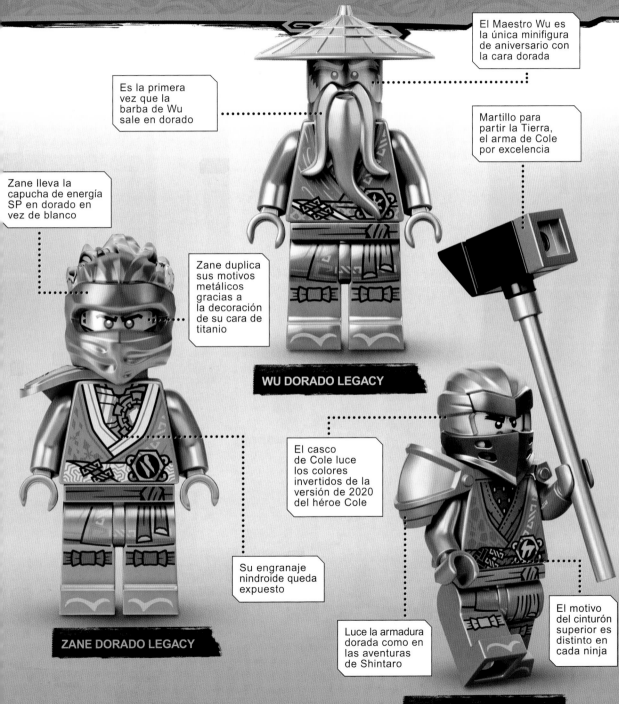

El Maestro Wu es la única minifigura de aniversario con la cara dorada

Es la primera vez que la barba de Wu sale en dorado

Martillo para partir la Tierra, el arma de Cole por excelencia

Zane lleva la capucha de energía SP en dorado en vez de blanco

Zane duplica sus motivos metálicos gracias a la decoración de su cara de titanio

WU DORADO LEGACY

El casco de Cole luce los colores invertidos de la versión de 2020 del héroe Cole

Su engranaje nindroide queda expuesto

ZANE DORADO LEGACY

Luce la armadura dorada como en las aventuras de Shintaro

El motivo del cinturón superior es distinto en cada ninja

COLE DORADO LEGACY

ÍNDICE DE PERSONAJES

DK | Penguin
Random
House

Edición de proyecto Beth Davies
Edición de arte sénior Anna Formanek
Coordinación editorial Paula Regan
Coordinación editorial de arte Jo Connor
Producción editorial Siu Yin Chan
Coordinación de producción Lloyd Robertson
Coordinación de publicaciones Julie Ferris
Dirección de arte Lisa Lanzarini
Dirección de publicaciones Mark Searle

Diseñado por Lisa Sodeau para DK.
Fotografías adicionales de minifiguras de Gary Ombler.

DK desea expresar su agradecimiento a Randi K. Sørensen, Heidi K. Jensen, Paul Hansford,
Martin Leighton Lindhardt, Tommy Kalmar, Morten Rygaard Johansen y Michael Svane
Knap, del LEGO Group. Damos las gracias también a Rosie Peet, Nicole Reynolds y Lisa
Stock, de DK, por su ayuda en la edición, y a Kayla Dugger por la revisión de los textos.

DE LA EDICIÓN EN ESPAÑOL
Coordinación editorial
Cristina Sánchez Bustamante
Asistencia editorial y producción
Malwina Zagawa

Publicado originalmente en Gran Bretaña
en 2021 por Dorling Kindersley Limited
One Embassy Gardens, 8 Viaduct Gardens,
London SW11 7BW

Parte de Penguin Random House